행복을 무기로 싸우는 사람은
쓰러져도 여전히 행복하다

행복을 무기로 싸우는 사람은 쓰러져도 여전히 행복하다

초판 1쇄 인쇄 2018년 01월 10일
초판 1쇄 발행 2018년 01월 20일

지은이 미키 기요시
옮긴이 이윤경
펴낸곳 B612북스
펴낸이 권기남

주소 경기 양주시 백석읍 양주산성로 838-71, 107동 602호
전화 031) 879-7831
팩스 031) 879-7832
E-mail b612books@naver.com
홈페이지 blog.naver.com/b612books
출판등록일 2012년 3월 30일(제2012-000069호)
ISBN 978-89-98427-14-6 03190

* 책값은 뒤표지에 표시되어 있습니다.
* 이 도서의 국립중앙도서관 출판예정도서목록(CIP)은 서지정보유통지원시스템 홈페이지(http://
  seoji.nl.go.kr)와 국가자료공동목록시스템(http://www.nl.go.kr/kolisnet)에서 이용하실 수 있
  습니다.(CIP제어번호: CIP2018000501)

행복을 무기로 싸우는 사람은
쓰러져도 여전히 행복하다

미키 기요시 저   이윤경 옮김

B612 북스

목차

一

죽
음
에

관
하
여

죽음에 관하여

요즘은 죽음을 전처럼 두려워하지 않게 되었다. 아무래도 나이 탓인 듯하다. 얼마 전까지만 해도 죽음의 공포에 관해 생각하고 글을 쓰던 나였건만.

어느덧 뜻밖의 부고를 많이 듣는 나이에 접어들었다. 지난 몇 년간 여러 번이나 친척의 죽음을 접했다. 그러면서 극심한 고통에 몸부림치던 환자에게도 죽는 순간에는 평화가 찾아온다는 사실을 목격했다. 성묘를 가도 예전처럼 음산한 기분이 들지 않고, 독일어로 묘지를 뜻하는 프리트호프(friedhof, 평화의 뜰—단, 어원학과는 무관하다)야말로 내 심경을 정확히 드러낸 표현이라고 생각하게 되었다.

병치레를 거의 하지 않는데도 나는 병상에 누울 때면 신기하게도 마음의 평화를 느낀다. 몸이 아플 때에만 진정한 마음의 평화를 느끼는 현상은 유독 현대인에게 나타나는 특징으로, 지극히 특징적인 현대인의 질병으로 구분된다.

실제 오늘날 대부분의 사람은 컨발레센스(convalescence,

병의 회복)를 통해서만 건강을 느끼고 있지 않나 생각한다. 단, 청년이 느끼는 건강과는 다르다. 회복기에 느끼는 건강은 자각적이며 불안정하다. 혈기 왕성한 젊은이가 그렇듯 자신이 건강하다는 사실을 자각하지 못하는 상태가 건강이라고 한다면 그게 과연 진정한 건강일까. 과거 르네상스 시대에는 그런 건강이 존재하지 않았다. 페트라르카 같은 인물이 경험한 것은 질병 회복기의 건강이다. 거기서 비롯된 서정주의lyricism는 르네상스적 인간의 특징을 부여한다. 그러고 보면 고전의 부활을 도모한 르네상스는 고전적이라기보다는 오히려 낭만적이었다. 새로운 고전주의는 그 시대에 싹트고 있던 과학 정신으로만 가능했다. 르네상스 시대의 고전주의자는 라파엘로가 아닌 레오나르도 다빈치였다. 건강을 회복기의 건강으로만 느낄 수 있다는 점이 현대의 근본적인 서정적, 낭만적 성격이다. 이 시대가 새로운 르네상스라면 거기서 시작되는 새로운 고전주의 정신은 어떤 모습일까.

사랑하는 사람, 가까운 사람의 죽음을 자주 접하다 보면 되레 죽음에 대한 공포가 사그라지는 듯하다. 새 생명보다 세상을 떠나는 이를 가깝게 느끼다니 나이가 든 모양이다. 30대는 40대보다 20대에게, 40대에 들어선 사람은 30대보다 50대에게 더 친밀감을 느낀다. 마흔을 초로라고 부른 관습에는 동양의 지혜가 녹아 있다. 비단 신체의 노쇠뿐 아니라 정신의 성숙을 뜻하기 때문이다. 그 연령에 접어든 이에게 죽음은 위안으로 다가오기도 한다. 죽음의 공포는 병적으로 과장되게 표현하는 경향이 있는데, 지금껏 내 마음을 단단히 사로잡고 있는 파스칼조차 그랬다. 진실은 죽음의 평화에 있으며 이 감각은 성숙한 정신 건강의 징표다. 어떤 상황에서건 웃음 지은 채 죽는다는 중국 한족은 전 세계에서 가장 건강한 국민이 아닐까 생각한다. 괴테가 정의했듯이 낭만주의가 모든 병적인 것이고 고전주의가 모든 건강한 것이라면 죽음의 공포는 낭만적이며 죽음의 평화는 고전적이라 할 만하다. 죽음의 평화를 느껴야만 비로소 삶의 현실주의에 이른다고 볼 수도 있다. 중국 한족이 전 세계 여느 국민보다 현실주의자라는 말에도 의미가 있다. '아직 삶을 알지 못하는데 어찌 죽음을 알겠느냐'던 공자의 말도 한족의 성격을 이해하면 절로 실감이 간다. 파스칼은 죽음에 무관심하다며 몽테뉴를 비난했지만, 나는 몽테뉴를 읽으면 동양의 지혜와 비슷한 무언가를 느낀다. 그는 최상의 죽음이란 예기치 않은 죽음이라고 했다. 한족과 프랑스인의 유사성에는 주목해야 한다.

그렇다고 죽음을 생각하는 것이 무의미하다는 말은 아니다. 죽음은 관념이며, 관념다운 관념이란 죽음의 관점에서 생겨난다. 현실 또는 삶에 대립되는 진정한 사상은 죽음의 관점에서 출발한다. 삶과 죽음이 첨예하게 대립한다고 보는 유럽 문화의 토대—기독교의 영향이 크다—위에 사상이 만들어졌다. 이에 비해 동양에는 사상이 없다는 말이 나온다. 동양에 사상이 없을 리 만무하다. 그저 사상에 담긴 의미가 달랐을 뿐이다. 서양 사상과 대비하여 동양 사상을 주장하고 싶다면 먼저 사상이란 무엇이냐는 인식론적 문제부터 음미해야 한다.

내 마음속에서 죽음의 공포가 사그라진 이유는 무엇일까. 가까운 사람과 사별하는 경험이 많아졌기 때문이다. 그들과 다시 만날 수 있을까, 내 최대의 바람이건만 내가 죽지 않으면 불가능하다. 내가 백만 년을 산다고 한들 이 세상에서 그들과 재회할 가능성은 없다. 확률은 제로다. 그렇다면 죽어서 그들을 만날 수 있을까, 이마저도 확실치 않다. 하지만 그럴 확률이 제로라고 아무도 단언하지 못한다. 망자의 나라에서 돌아온 사람은 없으므로. 두 확률을 비교하면 후자가 전자보다 가능성이 있다. 내가 둘 중 하나에 걸어야 한다면 후자를 선택할 수밖에 없다.

아무도 죽지 않는다고 치자. 분명 나만큼은 죽고 말겠다며 죽음을 계획하는 사람이 나타날 것이다. 죽음을 택할 만큼 인간의 허영심은 크다. 대부분은 그런 사람의 허영심을 대번에 알아차리고 비웃을 것이다. 그런데 이 세상에 허영 때문에 일어난 사건이 비일비재하다는 사실은 좀처럼 깨닫지 못한다.

인간은 아무것도 집착하지 않는 허무의 마음으로는 죽지 못하는 것일까. 집착하는 대상이 있어 죽지 못한다는 말은 집착하는 대상 때문에 죽을 수 있다는 뜻이기도 하다. 극성스럽게 집착하는 대상이 있는 사람은 죽어서 돌아갈 장소가 있다. 결국 죽음을 준비한다는 것은 곧 집착의 대상을 만드는 일이다. 나에게 진정 사랑하는 대상이 있다면 그 대상이 나에게 영생을 약속한다.

죽음의 문제는 전통의 문제와 이어진다. 죽은 이가 되살아나 연명할 것을 믿지 않고 전통을 믿을 수 있겠는가. 부활해서 다시 살아가는 것은 사람이 아니라 업적에만 해당된다고 주장할 수도 있겠다. 하지만 결과물이 그것을 만든 사람보다 위대할 수 있을까. 원인은 결과와 동등하거나 그보다 크다는 것이 자연의 법칙이다. 어떤 결과물이 되살아나 다시 살아간다면 그것을 만든 사람이 되살아나서 살아갈 힘이 그보다 덜하다고 볼 수 있을까. 우리가 플라톤의 불사不死보다 그의 작품이 불멸하기를 바란다면 그것은 우리의 허영심에 불과하다. 진정 우리는 우리가 사랑하는 사람의 영생보다 그의 업적이 영원하기를 바라는가.

원인은 최소한 결과와 동등하다는 것이 자연의 법칙이나, 역사를 보면 늘 원인보다 결과가 크지 않았냐고 할 수도 있다. 그 말이 맞는다면 그것은 역사에서 우리가 아닌 우리를 초월하는 무언가가 우월하게 작용했다는 뜻이다. 우리를 초월하는 존재는 만들어진 결과물의 부활과 영속은 바랐지만, 결과물의 원인이 부활하고 영속하기를 결코 바라지는 않았다는 말인가. 만약 우리에게 과거를 되살려 영속시킬 힘이 있다면 창작물보다 창작자를 되살려서 영속시키기가 한결 수월하지 않을까.

인간의 불사를 입증하거나 부정하려는 의도는 없다. 죽은 자의 생명에 관한 사유는 산 자의 생명에 관한 사유보다 논리적으로 어렵지 않다는 말이다. 죽음은 관념이다. 그러니 관념의 힘에 의지해 인생을 살고자 한다면 죽음의 사상부터 파악해야 한다. 모든 종교가 그렇듯이 말이다.

전통의 문제는 죽은 자의 생명에 관한 문제다. 살아 있는 사람의 성장에 관한 문제가 아니다. 통속적 전통주의의 오류—셸링과 헤겔 등 독일의 위대한 철학자들도 예외가 아니다—는 만물이 과거부터 성장해왔다는 전제를 바탕으로 전통주의를 생각했기 때문에 발생했다. 이런 자연철학적 견해에서는 근본적으로 절대적 진리를 주장하는 전통주의를 이해할 수 없다. 전통의 의미를 자신의 힘으로 내적으로 성장하는 무언가에서 찾는 한 그것은 상대적인 것에 불과하다. 절대적 전통주의는 살아 있는 존재의 성장 논리가 아닌, 죽은 존재의 생명 논리를 기초로 한다. 과거는 이미 죽었으며, 죽었다는 의미에서 지금 살아 있는 존재에게 절대적인 것이다. 반은 살고 반은 죽은 듯 어렴풋이 드러난 과거는 살아 있는 현재에 절대적일 수 없다. 과거는 죽음으로 절대성을 띤다. 이 절대성은 절대적 죽음인가, 아니면 절대적 생명일까. 죽은 것은 산 것과 달리 성장하지도 않을 뿐더러 노쇠하지도 않는다. 죽은 자의 생명을 믿으려면 절대적 생명이라야 한다. 이 절대적 생명은 곧 진리다. 그렇다면 과거는 진리인가, 아니면 무無인가. 전통주의는 우리에게 둘 중 하나를 선택하라고 요구한다. 우리에게 자연스레 흘러들어 자연스레 우리 생명의 일부가 된 과거를 문제 삼지는 않는다.

그런 전통주의는 이른바 역사주의와 엄밀하게 구별해야 한다. 역사주의는 진화주의와 마찬가지로 근대 사상 중 하나이며 그 자체로 진화주의가 될 수 있다. 전통주의는 기독교, 그중에서도 원죄설을 바탕으로 생각하면 쉽게 이해가 간다. 그런데 원죄 관념이 아예 존재하지 않거나 혹은 잃어버렸다면 어떻게 될까. 과거 페트라르카와 같은 르네상스의 인문주의자humanist는 원죄를 원죄가 아닌 질병으로 경험했다. 니체는 물론이고 지드 등의 현대 인문주의자들도 그와 동일선상에서 질병을 경험했다. 질병의 경험이 원죄의 경험을 대신했다는 점에 근대주의의 시작과 끝이 있다. 인문주의란 죄가 아닌 병이라는 관념에서 출발한 것일까. 죄와 병의 차이는 무엇일까. 죄는 죽음이며 병은 삶인가. 죽음은 관념이며 병은 경험일까. 어쨌거나 질병이라는 관념에서 전통주의를 도출할 수는 없다. 죄의 관념이 존재하지 않는 동양 사상에서 전통주의란, 그리고 인문주의이란 어떤 것일까. 문제는 죽음을 보는 관점에 달려 있다.

一

행
복
에

관
하
여

행복에 관하여

　요즘 사람들은 행복에 관해 도통 생각을 안 하는 모양이다. 시험 삼아 최근 시중에 나온 윤리학서, 특히 일본에서 펴낸 윤리 서적을 펼쳐보라. 행복을 한마디도 언급하지 않은 책을 쉬이 발견할 수 있다. 그런 서적을 윤리 책이라 여겨도 될 것인가, 그런 저자를 윤리학자로 인정해도 될 것인가, 나는 잘 모르겠다. 의문의 여지없이 확실한 것은 과거 어느 시대에서나 늘 행복이 윤리의 중심이었다는 점이다. 그리스 고전 윤리학이 그랬고, 스토아학파의 엄숙주의rigorism조차 행복을 위해 욕망을 통제해야 한다고 설파했으며, 기독교에서도 아우구스티누스와 파스칼 등의 인물이 인간은 늘 행복을 추구한다는 사실을 근간으로 제각기 종교론과 윤리학을 창시했다. 행복에 관해 생각하지 않는 습성은 현대인의 특징이다. 현대의 윤리적 혼란에 대해서는 간혹 논의되고 있는데, 윤리 책에서 행복론이 사라졌다는 사실이 이 혼란을 방증한다. 다시금 행복론이 정립되기 전까지 윤리적 혼란은 해결되지 않을 것이다.

행복을 생각한다는 것은 어쩌면 최대의 불행이 찾아올 징후인지도 모른다. 위가 튼튼한 사람이 위장의 존재를 느끼지 못하듯 행복한 이는 행복에 관해 생각하지 않는다. 오늘날을 사는 우리는 행복하기 때문에 행복에 관해 생각하지 않는 것일까. 오히려 우리에게서 행복을 생각할 기력까지 빼앗을 정도로 불행한 시대는 아닐까. 과연 행복을 모르는 사람이 불행을 이해할 수 있을까. 분명 현대인도 온갖 상황에서 본능적으로 행복을 추구하고 있을 것이다. 심지어 과도한 자의식 때문에 고통스러워하면서 말이다. 지나치게 자의식이 강한 사람은 행복에 관해 거의 생각하지 못한다. 이것이야말로 현대의 정신적 상황을 대표하는 성질이며 현대인의 불행이다.

근대 엄숙주의는 양심의 의무와 행복에 대한 요구가 대립된다고 본다. 나는 그 반대라고 생각한다. 다시 말해 오늘날의 양심은 곧 행복에 대한 요구다. 사회와 계급, 인류 등 온갖 미명 아래 인간적인 행복에 대한 요구가 말살되고 있는 지금, 행복에 대한 요구만큼 양심적인 것이 있을까. 행복에 대한 요구와 결부되지 않는다면 현대 윤리의 개념으로 끊임없이 활용되는 사회, 계급, 인류 같은 말에 어떤 윤리적 의미가 존재할 수 있겠는가. 오히려 윤리 문제가 행복의 문제에서 분리되면서 뭐든지 윤리의 개념으로 돌려쓰게 되었다. 행복에 대한 요구는 오늘날의 양심으로 복권되어야 한다. 그 사람이 휴머니스트인지 아닌지는 여기에 달려 있다.

행복의 문제가 윤리 문제에서 말살되자 수많은 윤리적 거짓말이 생겨났다. 예컨대 윤리적이라는 말과 주체적이라는 말이 함께 언급되는 것은 타당하다. 하지만 오늘날 주체성도 행복에 대한 요구에서 분리되어 추상화되면서 윤리적 거짓말이 되었다. 또 하나, 현대 윤리학에서 말살될 조짐이 보이는 것은 동기론이다. 주체적이라는 말이 유행하자 윤리학은 되레 객관론에 빠지고 말았다. 이제까지는 행복에 대한 요구가 모든 행위의 동기라는 점이 윤리학의 공통된 출발점이었다. 현대 철학에서는 그런 사고방식에 심리주의라는 이름을 붙여 배척하라고 가르쳤지만, 그로 인해 현대인은 심리적으로 무질서해지기 시작했다. 이 무질서는 자기 행위의 동기가 행복에 대한 요구인지 여부를 판단하지 못했을 때 일어났다. 동시에 심리의 현실성 reality을 의심하고 인간 해석에 관해 온갖 종류의 관념주의가 생겨났다. 심리의 현실성은 심리에 질서가 존재할 때 증명된다. 행복에 대한 요구는 질서의 근간이며 심리의 현실성은 행복에 대한 요구가 사실일 때 부여된다. 행복론을 말살한 윤리가 제아무리 논리를 내세운들 그 내실은 허무주의에 지나지 않는다.

　과거의 심리학은 심리 비평이라는 학문이었다. 예술 비평의 비평과 동일한 의미를 지닌 심리 비평이 목적이었다. 인간 정신의 갖가지 활동, 갖가지 측면을 평가해 질서를 부여하는 것이 심리학의 역할이었다. 그때의 철학자는 문학자였다. 이른바 가치 비평인 심리학이 자연과학적 방법론에 근거한 심리학 때문에 파괴될 위험에 처했을 때 이에 반기를 들고 등장한 것이 인간학이다. 그런데 이 인간학도 지금은 당초의 동기에서 벗어나 인간 심리 비평이라는 고유의 의미를 포기했다. 급기야 온갖 것에 인간학이라는 이름이 붙었다. 철학에서 예술가적 요소가 사라지고 심리 비평은 문학가만 맡게 되었다. 이렇듯 심리학을 포함하지 않는 것이 일반화되면서 오늘날의 철학은 추상성을 띠게 되었다. 여기서 주목해야 할 점은 현대 철학 중 하나가 행복론의 말살과 연관이 있다는 사실이다.

행복을 감성적인 개념으로만 생각하면 안 된다. 윤리적으로 주지주의[1]가 행복설과 연결되어 있다는 것은 사상의 역사만 봐도 알 수 있다. 행복의 문제는 주지주의 최대의 기둥이라고 할 만하다. 행복론을 말살하면 주지주의를 쉽사리 없앨 수 있다. 실제로 오늘날의 반反주지주의 사상 대부분은 행복론을 말살하는 데서 출발했다. 현대 반주지주의의 비밀이 여기에 있다.

행복은 덕德에 반하지 않는다. 오히려 행복 자체가 덕이다. 물론 타인의 행복에 관해 생각해야 한다는 말은 타당하다. 우리는 사랑하는 사람에게 나 자신의 행복 이상의 것을 해줄 수 있을까.

사랑하는 사람을 위해 죽어서 행복한 것이 아니라, 행복하기에 사랑하는 사람을 위해 죽을힘을 다할 수 있는 법이다. 사소한 일상은 물론 나를 기꺼이 희생하는 힘의 원천은 행복이다. 덕이 힘이라는 사실은 행복을 통해 알 수 있다.

---

1) 주지주의(intellectualism, 主知主義). 감각과 정서보다 지성 또는 이성을 중시하는 사상.

앞서 죽음은 관념이라고 했다. 그렇다면 삶이란 무엇인가. 삶이란 상상이라고 말하고 싶다. 삶이 현실적이라고 주장하는 사람도 삶과 죽음을 비교해보면 역설적으로 삶이 얼마나 상상적인지 이해할 수 있다. 상상적이라고 해서 비현실적이라는 말이 아니다. 현실적인 것은 상상적이다. 현실은 구상력(상상력)의 논리를 따른다. 인생을 꿈처럼 느끼지 않는 사람은 없을 것이다. 이는 비유가 아닌, 실제 감각이다. 이 감각의 근거가 명확해져야 한다. 다시 말해 꿈 또는 공상적인 개념의 현실성이 드러나야 한다. 구상력의 형성 작용이 이를 증명한다. 삶이 상상적이라면 같은 맥락에서 행복도 상상적이라 할 수 있다.

인간을 일반적인 존재로 이해하려면 먼저 죽음을 이해해야 한다. 죽음이란 본래 구체적인 것이다. 지극히 구체적인 죽음은 그럼에도 불구하고 일반적이다. 파스칼은 "인간은 홀로 죽는다."고 했다. 사람은 모두 각자 죽어간다. 그런데 죽음 자체는 보편성을 띤다. 인간의 조상이라는 아담 사상의 근거가 여기 있다. 죽음이 지닌 불가사의한 보편성은 우리를 당혹스럽게 한다. 죽음의 보편성은 인간을 갈라놓는다. 인간은 홀로 죽음을 맞기에 고독한 것이 아니라, 죽음의 보편성 때문에 죽음을 맞은 사람이 고독한 것이다. 내가 살고 당신은 홀로 죽어갈지언정 당신의 죽음이 보편적이지 않다면 당신의 죽음 때문에 고독을 느끼지는 않을 것이다.

　그런데 삶은 어떤 것이든 특수하다. 보편적인 죽음이 사람을 분리하는 반면 특수한 삶은 결합한다. 죽음이 보편적인 의미에서 관념으로 여겨지는 반면 삶은 특수하다는 의미에서 상상으로 여겨진다. 우리 상상력은 특수한 것만 즐기는 습성이 있다(예술가는 천성적으로 다신론자다). 본디 인간은 특수한 존재인 동시에 보편적인 존재이기도 하다. 그러나 삶의 보편성은 죽음의 보편성과는 다르다. 죽음의 보편성이 관념의 보편성과 유사하다면, 삶의 보편성은 상상력과 관련된 유형type의 보편성과 동일하다. 개성과 유형은 별개의 것이 아니다. 유형이 곧 개성이다. 죽음 자체에는 아무 유형도 없다. 죽음에서 유형을 찾는 것은 죽음을 삶의 연장선상에서 생각하기 때문이다. 개성은 다양성의 통합이지만, 모순되는 다양한 것을 통합해 한 형태로 만드는 것이 바로 구상력이다. 감성과 지성으로 생각할 수 없는 개성은 구상력으로 생각해야 한다. 삶과 마찬가지로 행복이 상상이라는 것은 개성이 행복임을 의미한다.

자연은 발전 단계를 거칠수록 더 많은 개성으로 분화한다. 마치 어둠에서 빛을 찾아 창조하는 자연의 근원적 욕구를 표현하는 듯하다.

'지상의 아들의 최고의 행복은 인격'이라는 괴테의 말처럼 행복의 완벽한 정의는 없다. 행복해진다는 것은 인격의 완성을 뜻한다.

행복은 육체적 쾌락에 있을까, 정신적 쾌락에 있을까 아니면 활동에 있을까, 존재에 있을까. 이런 질문은 분쟁만 일으킬 뿐이다. 누가 그렇게 묻는다면 모두 다 맞는다고 대답할 수밖에 없다. 인격은 육체인 동시에 정서이며, 활동인 동시에 존재이기 때문이다. 다시 말해 인격은 형성된다.

현대인이 행복을 생각하지 않는 것은 인격 분해의 시대라 불리는 현대의 특징과 상통한다. 동시에 역설적이게도 행복이 곧 인격이라는 명제를 세계사적 규모로 증명한다.

행복은 인격이다. 외투를 훌훌 벗어던지듯 언제든 다른 행복을 쉽게 벗어던지는 이가 가장 행복한 사람이다. 하지만 진정 행복한 사람이라면 버리고 떠나지도 않을 뿐더러 버리고 떠날 수도 없다. 행복은 흡사 목숨과도 같아서 자신과 한 몸이므로. 행복이 있기에 그는 온갖 고난과 맞선다. 행복을 무기로 싸우는 사람은 쓰러져도 행복하기 마련이다.

좋은 기분, 정중한 태도, 친절, 관대함 등 행복은 늘 겉으로 드러난다. 노래하지 않는 시인은 참된 시인이 아니듯, 내면에만 머무르는 행복은 진정한 행복이 아니다. 행복은 표현적이다. 새가 지저귀듯 저도 모르게 겉으로 드러나 타인을 행복하게 하는 것이 진정한 행복이다.

一 회의에 관하여

회의에 관하여

회의懷疑의 뜻을 정확하게 파악하기는 쉽지 않다. 간혹 회의가 신비화되어 종교가 탄생하기도 한다. 이 세상 모든 신비에 대한 거부야말로 회의의 본분인데 말이다. 회의라는 이유로 가차 없이 부도덕으로 폄하되는 경우도 있다. 회의는 지성의 덕목 중 하나가 될 만한데 말이다. 전자의 경우 회의 자체가 하나의 독단이다. 후자처럼 회의라면 무조건 타도하려는 시도 또한 독단이다.

단 하나 분명한 사실은 회의가 유독 인간적이라는 점이다. 신이나 동물에게는 회의가 없다. 회의는 천사나 짐승이 아닌 인간 고유의 것이다. 지성을 지닌 인간이 동물보다 우월하다고 말하고 싶은가, 사실은 회의를 지니고 있기에 가능한 일이다. 생각해보라, 전혀 회의적이지 않은 지성인이 있는가. 회의적이지 않은 독단론자는 때로 천사 같다가도 짐승처럼 보일 때가 있지 않던가.

인간적인 지성의 자유는 회의가 있기에 존재한다. 자유

인이라 불리는 사람 중에 회의적이지 않은 사람을 나는 본 적이 없다. 옛 프랑스에서 오네톰[2](교양인)이라 불린 사람에게는 모두 회의적인 면이 있었는데, 이는 자유인을 뜻했다. 철학자가 자유의 개념을 어떻게 규정하건 현실에서 인간적인 자유는 절도節度 아래 있다. 고전 인문주의에서 가장 중요한 덕목인 절도는 현대 사상에 이르러 보기 드물어졌다. 회의가 지성의 덕목이려면 절도가 있어야 한다. 대개 문제가 되는 것은 사상가의 절도다. 몽테뉴는 무엇보다 회의에 절도가 있다는 점에서 지혜로운 사람이었다. 절도를 모르는 회의는 진정한 회의가 아니다. 도를 넘은 회의는 순수함을 잃어버리고 철학설 중 하나인 회의론이 되거나 신비화, 종교화가 진행된다. 그래서 두 경우 모두 회의가 아닌 독단이 되고 만다.

회의는 지성의 덕목이며 인간 정신을 정화한다. 눈물을 흘리면 감정이 생리적으로 정화되는 것과 같은 원리다. 단, 회의 자체는 눈물보다 웃음에 가깝다. 웃음이 동물에

---

2) 오네톰(honnête homme). 지식과 교양이 풍부하고 예절 바른 교양인. 고전주의 융성기인 17세기 프랑스에서 이상적인 인간상을 표현한 말이다.

없는 인간적인 표정인 만큼 회의와 웃음에도 유사성이 있다. 웃음도 우리 감정을 정화해준다. 회의론자라고 해서 얼굴을 찌푸리기만 하지는 않는다. 지성 고유의 쾌활함이 결여된 회의는 진정한 회의가 아니다.

참된 회의론자는 소피스트가 아니라 소크라테스다. 소크라테스는 회의가 곧 무한한 탐구라고 했다. 또한 참된 비극론자는 참된 희극론자라고도 했다.

기존 철학 중에 영속적인 생명을 지녔으면서도 회의적인 측면이 없는 것이 있던가. 단 하나 위대한 예외가 있다, 헤겔이다. 헤겔의 철학은 한때 열광적인 신봉자를 낳았지만 이내 아무도 돌아보지 않게 되었다. 이런 사실에 헤겔 철학의 비밀이 있다.

논리학자에 따르면 논리의 밑바탕에는 직관이 있다. 인간은 무한히 증명할 수 없으며, 모든 논증은 저절로 논증될 수 없고 직관적으로 확실한 전제가 있을 때 거기서 출발해 추론할 수 있다. 하지만 논리의 밑바탕인 직관이 늘 확실하다고 증명할 수 있을까. 확실성이 변하지 않는다면 사람은 왜 직관에 그치지 않고 또 다른 논리를 찾을까. 확실성에 대한 직관뿐 아니라 불확실성에 대한 직관 또한 존재하지 않을까. 항상 직관을 의심하는 것도 어리석지만, 항상 직관을 믿는 것도 우매한 짓이다. 통설과는 반대로 감성적 직관이 확실성에 대한 직관이고 지성적 직관의 특징이 불확실성에 대한 직관이 아닐까 싶다. 확실성에 대한 직관은—감성적이건 감성을 초월했건—그 자체로 논리의 증명이 필요 없는데 반해, 불확실성에 대한 직관—회의적 직관 또는 직관적 회의—은 논리가 필요하며 논리를 움직인다. 논리 때문에 회의가 생기는 것이 아니라 회의 때문에 논리가 필요하다는 뜻이다. 논리가 필요한 곳에 지성의 긍지가 있으며 자기존중이 존재한다. 논리론자는 공식주의자이며 독단론자의 일종에 불과하다.

불확실한 것은 확실한 것의 토대가 된다. 철학자는 자기 안에 회의가 살아 있는 한 철학하며 글을 쓴다. 불확실한 것을 위해 일하지 않는다—"사람은 불확실한 것을 얻기 위해 확실한 것을 건다." 파스칼의 말이다. 정확하게 말하면 사람은 불확실한 것을 얻고자 일하지 않는다, 불확실한 것부터 접근한다. 인생은 움직이는 것이 아니라 만들어가는 것이고, 단순한 존재가 아니라 형성 작용이며, 그래야 마땅하다. 사람이 불확실한 것부터 접근한다는 점에서 모든 형성 작용의 밑바탕에는 도박이 존재한다.

독단에 대한 회의의 힘과 무력함은 곧 정념에 대한 지성의 힘과 무력함이다. 독단은 도박의 일종일 때에만 지성적일 수 있다. 정념은 늘 긍정적이며 독단은 대부분 정념에 근거한다.

회의론자라 해도 대부분은 겉으로 드러날 만큼 회의적이지는 않다. 독단론자 또한 겉으로 드러날 정도로 독단적이지는 않다.

사람은 때로 타인에 대한 허영심 때문에 회의적이 되며, 다수의 타인에 대한 허영심 때문에 독단적이 된다. 이는 정치적 욕망, 즉 타인에 대한 지배욕이 인간의 보편적 속성이라는 뜻이며, 동시에 교육적 욕망이 보편적이라는 사실을 가리킨다. 정치에는 독단도 필요하다. 하지만 과연 교육에 독단이 필요할까 의문이다. 분명한 것은 정치적 욕망을 내포하지 않은 교육적 욕망이 드물다는 사실이다.

누가 됐건 타인에게 믿음을 주는 것만큼 스스로를 믿기는 불가능하다. 타인을 신앙으로 인도하는 종교라고 해서 회의를 전혀 품지 않는다는 보장은 없다. 그가 타인에게 미치는 영향력의 절반은 그 안에 살아 있는 회의 때문에 작용한다. 그렇지 않은 종교라면 최소한 사상가라 불리지는 않을 것이다.

의심을 품은 채 발표한 의견을 타인은 아무 의심 없이 믿는 경우가 있다. 그러면 결국 그 자신도 의견을 믿게 된다. 신앙의 근원은 타인이다. 종교도 마찬가지인데, 종교가는 신앙의 근원이 신에게 있다고 말한다.

회의는 오직 문장으로만 표현할 수 있다. 이는 회의의 성질이며, 동시에 문장 고유의 재미, 그리고 어려움을 시사한다.

참된 회의론자는 논리를 추구한다. 반면 독단론자는 논증을 하지 않거나 형식적인 논증에 그친다. 독단론자는 대개 패배주의자가 된다. 지성의 패배주의자 말이다. 그는 결코 겉으로 드러난 만큼 강하지 않다. 타인에게나 스스로에게 허세를 부려야 할 정도로 연약하다.

인간은 패배주의 때문에 독단론자가 된다. 또한 절망 때문에 독단론자가 되기도 한다. 절망과 회의는 동일한 개념이 아니다. 지성이 더해졌을 때 절망은 비로소 회의로 바뀔 수 있지만, 상상만큼 쉽지는 않다.

순수한 회의만으로 그치기는 어렵다. 사람이 회의에 빠지는 순간 정념이 그를 사로잡으려고 기다린다. 그러므로 진정한 회의는 청춘이 아닌, 정신의 성숙을 나타낸다. 청춘의 회의에는 끊임없이 감상이 따르며, 감상으로 변하기 때문이다.

회의에는 절도가 있어야 하며, 절도 있는 회의만을 진정한 회의라 부른다. 즉, 회의는 방법이다. 회의가 방법이라는 것은 데카르트가 입증한 진리다. 데카르트가 말한 회의는 생각만큼 극단적인 것이 아니며, 늘 조심스레 절도를 지킨다. 이런 점에서 그는 인문주의자다. 그가 《방법서설》 3부에서 도덕론을 잠정적 방법 또는 임시방편이라 부른 것은 매우 흥미롭다.

방법의 숙달은 교양 중 가장 중요한 요소지만, 절도를 지키는 회의보다 결정적인 교양의 징표가 있을까. 그런데도 이 세상에는 회의하는 힘을 잃어버린 교양인, 한번 회의에 빠지면 아무 방법도 생각하지 못하는 교양인이 많다. 이들 모두 딜레탕티즘[3]이 교양의 데카당스[4]로 빠져버린 경우다.

회의가 방법임을 이해해야 비로소 독단도 방법임을 알 수 있다. 전자를 먼저 이해하지 않고 후자만 이해했다면 아직 방법이 무엇인지 제대로 이해하지 못한 셈이다.

회의가 한 곳에 머문다고 생각하면 오산이다. 정신의 습관성을 깨는 것이 회의다. 정신이 습관적이 된다는 말은 정신 속에 자연이 흘러들었다는 뜻이다. 회의는 정신의 오토마티즘[5]을 깸으로써 지성이 자연에 승리했음을 보여준

---

3) 딜레탕티즘(dilettantism). 예술이나 학문을 치열한 직업의식 없이 취미로 즐기는 것.

4) 데카당스(décadence). 19세기 후반 프랑스에서 시작되어 유럽 전역으로 전파된 퇴폐적인 경향 또는 예술 운동.

5) 오토마티즘(automatisme). 자동기술법. 무의식적 자동 작용을 말한다. 프랑스의 시인이자 평론가인 앙드레 브르통(Andre Breton)이 창시한 초현실주의 시와 회화의 중요한 기법이다.

다. 불확실한 것이 근원이며 확실한 것은 목적이다. 확실한 것은 모두 형성된 결과이며, 그 단초가 된 원리는 불확실한 존재다. 회의는 근원에 관계를 부여하며 독단은 목적에 관계를 부여한다. 이론가는 회의적이고 실천가는 독단적이며, 동기론자는 회의론자이고 결과론자는 독단적인 까닭이 여기 있다. 하지만 독단과 회의 모두 방법에 불과하다는 사실을 이해해야 한다.

부정이 있기에 긍정이 있고, 정신이 있기에 물질이 있듯이, 회의가 있기에 독단이 존재한다.

온갖 회의가 존재함에도 불구하고 인생은 확실한 것이다. 인생은 형성 작용이어서 단순히 존재하는 것이 아니라 만들어지는 것이므로.

一

습
관
에

관
하
여

습관에 관하여

어떤 의미에서는 습관이 인생의 전부다. 생명이 있는 모든 것은 형태를 지니므로 생명은 곧 형태라 할 수 있으며, 따라서 행위가 형태로 만들어진 것이 습관이기 때문이다. 그렇다고 습관이 공간의 형태라는 얘기는 아니다. 단순한 공간의 형태는 죽은 것이다. 반면 습관은 살아 있는 형태이므로 공간을 초월한다. 공간적인 동시에 시간적이고 시간적인 동시에 공간적인, 즉 변증법적 형태다. 시간상으로는 움직이지만 동시에 공간상으로는 멈춰 있기 때문에 생명을 지닌 형태가 탄생한다. 습관은 기계적인 존재가 아니라 어디까지나 생명적인 존재다. 형태를 만든다는 점에서 생명의 내적, 본질적 작용에 속한다.

흔히 습관은 같은 행위의 반복으로 생긴다고들 한다. 그러나 엄밀히 말해 인간의 행위에 완전히 동일한 것이 존재할 리 만무하다. 모든 행위에는 우연의 요소가 들어 있다. 우리 행위에 우연적이고 자유로운 성격이 있기에 습관이 형성되는 것이다. 습관은 같은 행위를 물리적으로 반복해서 얻은 결과가 아니다. 확실한 것은 불확실한 요소에서 나온다. 우연한 행위가 모여 습관이 된다. 습관은 수많은 우연한 행위가 지닌 통계적 규칙성이다. 자연의 법칙이 통계적 성격을 지닌 만큼 습관도 자연에 속한다. 습관이 자연에 속하듯 자연도 습관이다. 그럴 경우 자연을 구체적인 형태로 봐야 한다.

모방과 습관은 어떤 의미에서는 반대지만, 어떤 의미에서는 하나다. 모방은 특히 외부에 있는 것, 새것을 대상으로 삼는다는 점에서 유행의 원인이라 볼 수 있다. 유행에 비해 습관은 전통적이며 습관을 깨트리는 것이 유행이다. 유행보다 습관을 잘 깨트리는 것은 없다. 하지만 습관도 모방이다. 단, 내부에 있는 것, 헌것이 대상이다. 습관은 자기가 스스로를 모방한다. 스스로를 모방하면서 습관이 형성된다. 유행이 횡적 모방이라면 습관은 종적 모방이다. 어쨌거나 습관도 모방이므로 한 행위는 다른 행위의 외부에 존재해야 한다, 즉 독립적이어야 한다. 습관이 연속성을 띤다고 보는 것은 잘못된 생각이다. 비연속적인 동시에 연속적이며, 연속적인 동시에 비연속적인 것이 습관이다. 다시 말해 습관은 생명의 법칙을 드러낸다.

습관과 마찬가지로 유행도 생명의 한 형식이다. 생명은 형성 작용이며 모방은 형성 작용의 근본적 방법 중 하나다. 생명이 형성 작용bildung[6]이라 함은 곧 교육bildung을 의미한다. 교육에서 모방이 중요하다는 얘기는 자주 논의되어 왔다. 여기서 습관이 모방이라는 점, 유행이 모방으로서 얼마나 큰 교육적 가치를 지녔는지 생각해야 한다.

유행이 환경으로 규정되듯 습관도 환경으로 규정된다. 습관은 주체의 환경에 작업적으로 적응하며 생겨난다. 다만, 유행에서 주체는 환경에 대해 훨씬 수동적인데 반해 습관에서는 보다 능동적이다. 이런 습관의 힘은 형태의 힘이다. 그런데 유행이 습관을 깨트린다는 말은 습관이라는 형태가 주체와 환경의 관계에서 발생한 변증법적 존재이기 때문이다. 이런 유행의 힘은 습관과 상반되는 성질에 근거한다. 유행은 최대의 적응력을 가진 인간의 특징이다. 습관이 자연적이라면 유행은 지성적이라고 볼 수 있다.

습관은 자기를 스스로 모방한다는 점에서 자신에 대한

---

6) 빌둥(bildung). 독일어로 본래는 '사물의 형성'을 의미하며 사회적으로는 '교육, 교양, 도야' 등을 뜻한다.

적응이자 자기 환경에 대한 적응이다. 유행은 환경에 대한 모방이므로 자기 환경에 적응하면서 형성되지만, 유행에도 자기 스스로를 모방하는 측면이 있다. 우리가 유행을 따르는 것은 자기 환심을 살 만한 요인이 있기 때문이다. 다만, 유행은 형태가 없다고 할 만큼 형태로서 불안정한데 반해 습관은 안정되어 있다. 습관이 안정된 형태라는 말은 습관이 기술이라는 뜻이다. 형태가 기술적으로 형성된다. 그런데 유행에는 그런 기술적 능동성이 결여되어 있다.

하나의 정념을 지배할 수 있는 것은 이성이 아닌, 다른 정념이라고 한다. 그러나 사실 습관이야말로 정념을 지배할 수 있다. 하나의 정념을 이성이 아닌 다른 정념이 지배하다니, 이런 정념의 힘은 어디에 있는 것일까. 정념 속에만 있는 것이 아니라, 오히려 정념이 습관이 된 데 있다. 내가 두려워하는 것은 어떤 이의 증오가 아니라, 나에 대한 그의 증오가 습관이 된 데 있다. 습관으로 형성되지 않은 정념은 무력하다. 하나의 습관은 다른 습관의 형성으로 파괴된다. 습관은 이성이 아니라 다른 습관에 지배당한다. 달리 말하면 하나의 형태를 진정 극복할 수 있는 것은 다른 형태다. 유행도 습관이 되기까지는 불안정한 힘에 불과하다. 정념은 그 자체만으로는 형태를 갖추지 못하며 습관에 대해 정념이 무력한 까닭도 여기 있다. 하나의 정념이다른 정념을 지배하는 것도 지성이 더해져서 형성되는 질서의 힘에 근거한다. 정념은 형태를 갖추지 못했다는 점에서 자연적인 것으로 간주된다. 정념에 대한 형상의 지배는자연에 대한 정신의 지배다. 습관 또한 형태라는 점에서자연이 아닌 정신에 속한다.

형태를 공간의 형태, 즉 물질적 형태로만 드러낼 수 있다는 개념은 근대의 기계적 오성[7]이다. 사실 정신이야말로형태다. 그리스 고전 철학에서는 물질이 무한정한 질료[8]이며 정신은 형상이라고 생각했다. 이와 반대로 현대 생의철학에서는 정신적 생명 자체를 무한정한 움직임으로 여긴다. 이런 점에서 생의 철학도 형태에 관한 근대의 기계적인 사고방식에서 영향을 받았다. 그러나 정신을 형상이

---

7) 오성(悟性). 지성이나 사고의 능력. 감성, 이성과 구별되는 지력(知力). 특히 칸트 철학에서는 대상을 구성하는 개념 작용의 능력을 뜻한다.

8) 질료(質料, matter). 아리스토텔레스 철학에서 물체의 생성과 변화의 바탕이 되는 재료. 그리스어 홀레(hyle)라는 말의 번역어로 존재하는 모든 실체는 질료가 형상을 입은 것이다.

라 여긴 그리스 철학은 형상을 더 공간적으로 표현했다. 동양의 전통 문화는 습관의 문화라 할 수 있다. 습관이 자연인 것처럼 동양 문화의 밑바탕에 흐르는 것 또한 자연이다. 또한 습관이 자연이면서 문화인 것처럼 동양적 자연은 문화를 뜻한다. 문화주의적인 서양에서 형태를 공간적으로 표현한데 반해 자연주의적인 동양 문화는 정신을 진정 정신적 형태로 표현하려 했다. 하지만 형태인 그것을 순수한 정신이라 할 수 있겠는가. 습관을 자연으로 보듯, 정신의 형태라 해도 동시에 자연을 의미해야 한다. 습관은 정신이나 신체만을 뜻하지 않는다. 생명의 내적 법칙이다. 습관은 순수한 정신 활동 속에서도 찾을 수 있는 자연적인 존재다.

흄이 습관으로 설명한 사유의 범주가 과연 현대 인식론에서 비평했듯이 우스운 일인가, 나는 잘 모르겠다. 범주의 논리적인 의미와 존재론적 의미를 생각한다면 습관보다 더 적절한 설명이 있을지 의문이다. 다만, 습관이 단순히 경험에서 생겨난 것으로 여기는 기계적인 견해는 배제해야 한다. 경험론은 기계론이라는 점에서 잘못되었다. 습관의 본질을 경험의 반복만으로 설명하는 것은 불충분하다. 돌멩이를 똑같은 속도로 백만 번 던진들 습관은 형성되지 않는다. 습관이 생명의 내적 경향에 속하기 때문이다. 경험론에 반대하는 선험론에서는 경험을 습관의 영향이 전혀 없는 감각과 동일하게 본다. 감각을 되새길 때 나타나는 지식에 습관의 영향을 받지 않는 '내용'이 존재할까. 습관은 사유에도 작용한다.

사회적인 성질을 띠는 습관이야말로 도덕이며, 도덕에 권위가 있는 것은 그것이 사회적이기 때문이 아니라 오히려 형태로 표현되었기 때문이다. 어떤 형태에나 늘 초월적 의미가 있다. 형태를 만드는, 생명의 본질적 작용이란 생명에 내재하는 초월적 경향을 나타낸다. 하지만 형태를 만드는 일은 동시에 생명의 자기 부정이다. 생명은 형태로 살며 형태로 죽는다. 생명은 습관으로 살며 습관으로 죽는다. 죽음은 습관의 극한이다.

자유자재로 습관을 만들 줄 아는 사람은 인생에서 많은 일을 이룰 수 있다. 습관은 기술적인 성질이 있어서 원하는 대로 다룰 수 있다. 습관은 본래 무의식적인 기술이 대부분이지만, 이를 의식하고 기술적으로 자유롭게 다룰 수 있는 이유는 도덕 때문이다. 수양이 바로 그 기술이다. 만일 습관이 자연이기만 하다면, 습관을 도덕이라 할 수는 없을 것이다. 모든 도덕에는 기술적인 요소가 있음을 이해해야 한다. 습관은 우리와 가장 가까운 것, 우리의 힘 속에 있는 수단이다.

습관은 기술이므로 모든 기술이 습관적으로 변하면 진정한 기술이 될 수 있다. 아무리 뛰어난 천재라 해도 습관이 없다면 아무것도 성취할 수 없다.

도구 시대에 수양은 사회의 도덕적 형성 방법이었다. 그 시대의 사회는 유기적이고 한정된 곳이었다. 하지만 도구 시대에서 기계 시대로 변화하면서 오늘날 우리의 생활환경도 완전히 달라졌다. 도덕도 수양만으로는 충분하지 않게 되었다. 도구의 기술에 비해 기계의 기술이 습관보다 지식에 더 많이 의존하는 것처럼 오늘날에는 도덕에서도 지식이 특히 중요해졌다. 여기서 도덕은 유기적인 몸을 떠날 수 없으며 지성 속에도 습관이 작용한다는 점에 주의해야 한다.

데카당스란 일정치 않은 정념의 과잉이 아니다. 데카당스는 정념의 특수한 습관이다. 인간 행위가 기술적이지 않다는 점에 데카당스의 근원이 있다. 정념이 관습적, 기술적이 되면서 데카당스가 생겨난다. 자연적 정념이 폭발하면 오히려 습관이 파괴되는데, 이는 데카당스와는 반대된 개념이다. 모든 습관에서 다소나마 데카당스의 기운이 느껴지지 않을까. 습관 때문에 우리가 죽는다면 습관이 데카당스가 되었기 때문이지 습관이 멈춰서가 아니다.

우리는 습관 때문에 자유로워지기도 하고, 습관에 얽매이기도 한다. 그러나 우리가 두려워해야 할 점은 습관이 우리를 얽맨다는 사실보다 데카당스가 습관에 포함되는 것이다.

모랄리스트[9]는 이 세상에 얼마나 많은 기괴한 습관이 존재하는가에 대해 늘 얘기한다. 습관이 얼마나 데카당스에 쉽게 빠지는지를 알 수 있다. 기괴한 예술이 많듯이 기괴

---

9) 모랄리스트(프랑스어 moraliste). 16~18세기 프랑스에서 인간성과 인간이 살아가는 법을 탐구하여 수필 등의 글로 표현한 문필가. 몽테뉴, 파스칼 등이 이에 속한다.

한 습관도 수없이 존재한다. 예술과 마찬가지로 습관이 구상력에 속한다는 말이다.

유행은 습관에 비해 더 지성적이라 할 수 있다. 유행에는 그런 데카당스가 존재하지 않기 때문이다. 유행이 지닌 생명적 가치가 여기 있다. 하지만 우리가 가장 두려워해야 할 점은 유행 자체가 데카당스가 되는 것이다. 유행은 불안정하며 그것을 지탱해주는 형태가 없기 때문이다. 유행은 허무와 직접 연결되어 있으므로 데카당스가 끝도 없이 깊다.

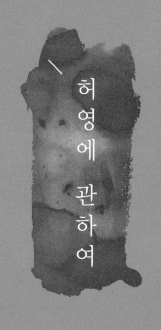

허영에 관하여

허영에 관하여

Vanitati creatura subjecta est etiam nolens—"피조물이 허무한 데 굴복하는 것은 자기 뜻이 아니요 오직 굴복케 하시는 이로 말미암음이라." 로마서 8장 20절.

허영은 인간의 본성 중 가장 보편적이고 고유한 성질이다. 허영은 인간의 존재 자체다. 인간은 허영으로 산다. 허영은 온갖 인간적인 것 중 가장 인간적이다.

허영으로 사는 인간의 생활에는 실체가 없다. 달리 말하면 인간의 생활은 허구적fictional이다. 예술적 의미에서도 마찬가지다. 즉, 인생은 허구(소설)다. 따라서 인간은 누구나 소설 하나쯤은 쓸 수 있다. 평범한 사람과 예술가의 차이는 한 가지 소설만 쓸 수 있느냐, 다양한 소설을 쓸 수 있느냐에 달렸다고 볼 수 있다.

인생이 허구라고 해서 실재성이 없다는 말은 아니다. 단, 여기서 말한 실재성은 물적 실재성과 같지 않으며 오히려 소설의 실재성과 거의 비슷하다. 즉, 실체가 없는 것에 어떻게 실재성이 있을 수 있는가, 여기에 소설뿐 아니라 인생의 근본적 문제가 있다.

본래 허구라서 가능한 것이 인생이다. 현실성은 우선 우리 삶에서 증명되어야 한다.

어떤 작가가 신이나 동물을 소재로 소설을 쓰려고 하겠는가. 신이나 동물은 사람의 열정passion이 그들에게 투영되었을 때에만 허구의 대상이 될 수 있다. 한 인간의 삶만이 허구가 될 수 있다. 여기서 인간은 소설적 동물이라고 정의할 수 있다.

자연은 예술을 모방한다는 말은 유명하다. 하지만 예술의 모방은 고유한 의미에서 보자면 자연 중 인간밖에 없다. 인간이 소설을 모방하고 모방할 수 있는 이유는 인간의 본성이 소설적이기 때문이다. 인간이 인간적이 되는 순간 자신과 자신의 삶을 소설화하기 시작한다.

인간적이라 불리는 모든 열정은 허영심vanity에서 생겨난다. 사람의 열정은 모두 인간적이다. 설령 동물적인 열정을 품었다고 해도 이내 허영심에 사로잡힌다는 점에서 인간적인 속성으로 간주된다.

허영심이란 그 실체를 생각하면 허무라고 할 수 있다. 사람들이 허영이라고 부르는 것은 이른바 그 현상에 지나지 않는다. 모든 인간적인 열정은 허무에서 생겨나며 그 현상은 허영적이다. 삶의 실재성을 증명하고 싶다면 허무의 실재성을 증명해야 한다. 이렇듯 모든 인간의 창조는 허무의 실재성을 증명하기 위해 존재한다.

"허영을 너무 많이 마음속에 담았다가 거기에 휘둘리는 일이 없도록 틈을 벌려놓아라. 매일 빼서 버리는 작업이 필요하다."고 한 주베르[10]는 상식이 풍부한 사람이었다. 단순한 상식이 아니라 현명한 처세술이다. 허영으로 몰락하지 않으려면 사람은 일상에서나 모든 사소한 일에서 허영적이어야 한다.

---

10) 조제프 주베르(Joseph Joubert, 1754~1824). 프랑스의 작가 겸 비평가.

단, 영웅은 예외다. 영웅은 그의 최후, 즉 몰락으로 자기 존재를 증명한다. 희극의 주인공에는 영웅이 없으며, 영웅은 오직 비극의 주인공으로만 존재할 수 있다.

인간이 허영으로 산다는 것이야말로 생활에 지혜가 필요하다는 뜻이다. 인생의 지혜는 모두 허무에 도달해야 한다.

지폐는 허구적인 것이다. 동전 또한 허구적이다. 하지만 지폐와 동전은 구별된다. 이 세상에는 금으로 바꿀 수 없는 불환지폐도 있으니 말이다. 허영뿐인 인생에서 지혜라 불릴 만한 것은 동전과 지폐, 그중에서도 불환지폐를 구별하는 판단력이다. 단, 그 자체는 허구적인 것이 아니다.

그런데 인간이 허영적 존재라 함은 인간의 고차원적 성질이다. 허영심이란 자기가 그 이상의 존재라는 것을 보여주려는 인간적 열정이다. 물론 가식일 수도 있다. 하지만 평생을 가식으로 일관한 사람의 본래 성질과 거짓 성질을 구별하기는 불가능에 가깝다. 도덕 또한 허구가 아닐까. 불환지폐보다 동전에 가깝다.

인간이 허영적이라는 것은 인간이 사회적이라는 뜻이다. 사회도 허구 위에 존재한다. 그래서 사회에서는 신용이 전부다. 허구가 전부 허영이라는 말이 아니다. 허구로 생활하는 인간이 허영적일 수 있다는 얘기다.

문명의 진보가 더 많은 허구 위에 생활이 구축된다는 뜻이라면 문명의 진보와 함께 허영은 일상다반사가 된다. 반면 영웅의 비극은 줄어든다.

허구를 자연적인 것이라고 믿게 하는 힘은 습관에 있다. 역설적이게도 허구는 습관이 되었을 때 비로소 허구의 의미를 가진다. 그러므로 허영이라고 해서 다 허구라고 부르지는 않는다. 허구는 곧 허영이지만, 허구로서 타당할 때 단순한 허영이 아닌, 보다 차원 높은 인간적인 무언가가 된다. 습관은 그런 높은 인간성을 나타낸다. 습관은 자연적인 것만이 아니며 지성의 한 형태다.

인간의 모든 악은 고독하지 못하는 데서 생겨난다.

허영을 없애는 방법은 무엇인가. 허무로 돌아가야 하는

가, 아니면 허무의 실재성을 증명해야 하는가. 다시 말해 창조 말이다. 오직 창조적 생활만이 허영을 모른다. 창조 란 허구 만들기다. 허구의 실재성을 증명하는 일이다.

허영은 소비와 관련된 경우가 많다.

남에게 잘 보이고자, 또는 타인에게 좋은 인상을 주고자 허영심을 품는 것은 주베르의 말처럼 '절반의 미덕'이다. 모든 허영은 이 절반의 미덕 때문에 용서된다. 허영을 배 제하는 것은 그 자체로 허영이지만, 선한 마음의 적인 오 만에 빠진 경우도 종종 있다.

이상 국가에서 예술가를 추방하고자 한 플라톤에게는 한 가지 지혜가 있었다. 하지만 자신의 삶에서 참된 예술 가가 되는 것이야말로 인간으로서 허영을 물리치는 최고 의 방책이다.

허영은 삶 속에서 창조와 구별되는 딜레탕티즘이다. 허 영을 예술의 딜레탕티즘에 비추어 생각하는 사람은 적절 한 허영 처리법을 발견할 수 있다.

명예심에 관하여

명예심에 관하여

　　명예심과 허영심만큼 혼동되는 개념도 없다. 더군다나 반드시 구별해야 하는 개념이기도 하다. 두 개념을 구별하는 것이야말로 삶의 지혜에서 절반 이상을 차지한다고 볼 수 있다. 명예심은 허영심으로 오인될 때가 무척 많은데, 동시에 쉽사리 허영심으로 변하는 것이 명예심이다. 각각의 경우에서 두 가지를 구별하려면 안목이 있어야 한다.

　　제아무리 인생에 대해 엄격한 사람일지라도 명예심은 포기하지 못하는 법이다. 금욕주의자stoic란 명예심과 허영심을 구별해 후자에 현혹되지 않는 사람을 말한다. 두 가지를 구별하지 못한다면 금욕주의도 한낱 허영에 불과하다.

　　먼저 허영심의 경우 사회가 대상이다. 반대로 명예심은 자기가 대상이다. 허영심이 세속을 향하는 반면 명예심은 자기 품위에 대한 자각이다.

모든 금욕주의자는 본질적으로 개인주의자다. 그 금욕주의stoicism가 자기 품위에 대한 자각을 바탕으로 한다면 그는 좋은 의미의 개인주의자이며, 허영의 일종이라면 나쁜 의미의 개인주의자에 불과하다. 금욕주의의 가치와 한계는 그것이 본질적으로 개인주의라는 데 있다. 금욕주의는 자기의 모든 정념을 자기와 무관한 자연물처럼 바라봄으로써 제어하는데, 그로 인해 자기 또는 인격이라는 추상적 관념을 확립했다. 이 추상적인 관념에 대한 열정이 도덕의 본질을 이룬다.

명예심과 개인주의는 떼려야 뗄 수 없는 관계다. 오직 인간만이 명예심을 지녔다는 말도 인간이 동물보다 훨씬 많은 개성으로 분화된 존재라는 점과 관련 있지 않을까. 명예심은 개인의식에서 이른바 구성적이다. 개인이고자 하는 것이야말로 인간의 가장 깊으면서도 가장 높은 명예심이다.

명예심도 허영심과 마찬가지로 사회를 향한다. 하지만 그럼에도 불구하고 허영심의 대상은 '세상', 예컨대 갑도 을도 아니면서 갑이기도 하고 을이기도 한 '사람', 무명anonym의 '사람'이다. 이에 반해 명예심의 대상은 갑 또는 을이며 인간이 제각기 개인으로서 독자성을 상실하지 않은 사회다. 허영심은 본질적으로 무명이다.

허영심의 포로가 되면 인간은 자기를 잃고 개인의 독자성이라는 의식을 잃게 마련이다. 그럴 때 무명의 '사람'을 대상으로 삼으면 스스로가 무명의 '사람'이 되어 허무로 돌아간다. 허영심으로 변하지 않은, 진정한 명예심을 가진 인간은 자기와 자기 독자성을 자각하고 있어야 한다.

사람은 무엇보다 허영심 때문에 모방을 하고 유행에 몸을 맡긴다. 유행은 무명에 속한다. 따라서 명예심이 있는 인간은 유행의 모방을 가장 혐오한다. 명예심이란 무명이라는 존재와의 싸움이다.

발생론적으로 보면 네 다리로 기지 않게 되었을 때 인간에게 명예심이 싹텄다. 직립보행은 명예심에 근거한 최초이자 최고의 행위였다.

인간은 직립보행으로 추상적인 존재가 되었다. 그 순간 모든 기관 중 가장 추상적인 기관, 즉 손이 완성되었는데, 이는 추상적인 사고가 가능해졌다는 의미다. 그리고 명예심이란 모두 추상적인 존재에 대한 열정이다.

추상적인 존재에 대한 열정이 있는지 여부가 명예심의 기준이 된다. 그러니 명예심에서 생겨난 줄 알았던 것이 사실은 허영심이 근원인 경우가 상당히 많을 듯하다.

추상적 존재가 된 인간은 더 이상 환경과 직접 융합한 채 살 수 없으며, 오히려 환경과 대립하고 맞서며 살아가야 한다─명예심이란 여러 의미에서 전사의 마음이다. 기사도와 무사도 등에서 명예심을 근본 덕목으로 여긴 것도 같은 맥락이다.

이를테면 이름을 소중히 여긴다는 말이 있다. 여기서 이름은 추상적인 개념이다. 추상적인 개념이 아니라면 거기에 명예심은 없고 오직 허영심만 존재한다. 흔히들 말하는 세상 평판에는 이름이 없다. 따라서 평판을 신경 쓰는 일은 명예심이 아닌 허영심에 속한다. 무명과 추상은 동일하지 않다. 두 가지를 구별하는 것이 관건이다.

모든 명예심은 어떤 방법으로든 영원을 생각한다. 여기서 영원이란 추상적인 개념이다. 예컨대 이름을 소중히 여긴다고 하는 경우 이름은 개인의 품위에 대한 의식이며 나

아가 추상적인 개념으로서 영원과 관련되어 있다. 그러나 허영심은 시간적인 것 중에서도 가장 시간적이다.

추상적인 존재에 대한 열정으로 개인이라는 가장 현실적인 존재의 의식이 성립된다—이것이 인간 존재의 비밀이다. 인류라는 추상적인 존재에 대한 열정이 없다면 인간은 진정한 개인이 될 수 없다.

명예심의 추상성 속에 진리와 허위가 있다.

명예심으로 몰락하는 자는 추상적인 존재 때문에 몰락하며, 추상적인 존재 때문에 몰락할 수 있다는 점은 인간 고유의 성질이다. 따라서 명예심에 속한다.

명예심은 자기의식과 뗄 수 없는 관계인데, 여기서 자기는 추상적인 개념이다. 따라서 명예심은 자기 안에 머물지 않고 끊임없이 밖으로, 사회로 나간다. 여기에 명예심의 모순이 있다.

명예심은 밝은 대낮에 존재해야 한다. 여기서 대낮이란 추상적 공기다.

명예심은 무명의 사회를 대상으로 하지 않는다. 그러면

서도 추상적인 갑, 추상적인 을, 즉 추상적인 사회를 상대한다.

사랑은 구체적인 대상이 있어야만 움직인다. 따라서 사랑은 명예심과 정반대다. 사랑은 겸허함을 추구하고 명예심은 오만할 때가 잦다.

종교의 비밀은 영원이나 인류라는 추상적인 개념이 거기서는 가장 구체적인 개념이라는 데 있다. 종교야말로 명예심의 한계를 명확히 보여준다.

명예심은 추상적인 개념이지만, 예전의 사회는 지금보다 추상적이지 않았기 때문에 명예심에는 아직 근본이 존재했다. 그런데 오늘날 사회가 추상적으로 변하면서 명예심 또한 점차 추상적인 개념으로 바뀌고 있다. 게마인샤프트[11]적인 구체적인 사회에서 추상적인 열정, 곧 명예심은 큰 덕목이었다. 게젤샤프트[12]적인 추상적인 사회에서 명예

---

11) 게마인샤프트(Gemeinschaft). 독일 사회학자 F. 퇴니에스가 분류한 집단 구분 중 하나로 혈연이나 지연 등 애정을 기초로 하는 공동사회를 뜻한다.

심을 근본이 없는 것으로 간주하면서 허영심과 명예심을
구별하기도 어렵게 되었다.

---

12) 게젤샤프트(Gesellschaft). F. 퇴니에스가 게마인샤프트와 대치해 사용한 개
　　념이며 계약으로 이루어진 인위적, 이해타산적인 이익사회를 뜻한다.

분노에 관하여

분노에 관하여

Ira Dei(신의 분노)―기독교 문헌을 볼 때마다 생각하게 되는 말이다. 이 얼마나 무서운 사상인가. 이 얼마나 깊은 사상인가.

신의 분노는 언제 나타날까, 정의가 유린되었을 때다. 분노의 신은 곧 정의의 신이다.

신의 분노는 어떻게 나타날까, 천재지변으로 나타날까, 예언자의 분노로 나타날까, 아니면 대중의 분노로 나타날까. 신의 분노를 생각하라!

그렇다면 정의란 무엇인가. 분노하는 신은 숨어 있는 신이다. 정의의 법칙으로 여기게 되면서 인간은 신의 분노를 잊고 말았다. 분노는 계시의 형식 중 하나다. 분노하는 신은 법칙의 신이 아니다.

분노하는 신에게는 악마적damonisch인 면이 있어야 한다. 신은 본디 초월적인 존재였다. 그런데 지금은 인간적인 존재로 간주된다. 악마 또한 인간적인 존재로 여겨진다. 인문주의란 분노에 대한 무지를 뜻하는가. 그렇다면 오늘날의 인문주의에 어떤 의미가 있을까.

사랑의 신은 인간을 인간적으로 만들었다. 여기에 사랑의 의미가 있다. 그런데 세계가 지나치게 인간적인 곳이 되었을 때에 필요한 것은 분노다. 신의 분노를 알아야 한다.

오늘날 모두가 사랑을 얘기한다. 그 누가 진지하게 분노를 얘기할 것인가. 분노의 의미는 잊고 오로지 사랑에 대해서만 얘기하는 현상은 오늘날의 인간에게 성격이 없다는 증거다.

간절히 의인을 생각한다. 의인이란 무언인가, 분노를 아는 사람이다.

오늘날 분노의 윤리학적 의미만큼 많이 잊힌 것은 없다. 그저 피해야 할 대상으로 여긴다. 그러나 모든 상황에서 피해야 할 무언가가 있다면 그것은 증오지 분노가 아니다. 증오도 분노가 직접적인 원인인 경우에는 의미가 있다. 다시 말해 분노는 증오의 윤리적 근거가 된다. 분노와 증오는 본질적으로 다른데도 자주 혼동된다―분노의 의미가 망각되고 있다는 증거라 볼 수 있다.

분노는 한층 더 심오한 개념이다. 분노는 증오의 직접적인 원인이 되는데 반해 증오는 분노의 부차적인 원인만 될 수 있다.

모든 분노는 돌발적이다. 여기서 분노의 순수성 또는·단순성을 엿볼 수 있다. 증오는 대부분 습관적인데, 습관적으로 영속하는 증오만 증오로 여겨질 정도다. 증오의 습관성이 자연성을 드러낸다면 분노의 돌발성은 정신성을 드러낸다. 분노가 돌발적이라는 것은 계시적으로 심오하다는 뜻이다. 증오가 심오해 보인다면 증오가 습관적인 영속성을 지녔기 때문이다.

분노만큼 정확한 판단을 흐리는 것이 없다는 말은 타당하다. 그러나 분노하는 사람은 분노를 드러내지 않고 증오하는 사람보다 용서받아야 마땅하다.

흔히들 사랑에 종류가 있다고 한다. 신의 사랑(아가페), 이상에 대한 사랑(플라토닉 에로스), 그리고 육체적 사랑이라는 세 단계로 나뉜다. 그렇다면 그에 따라 분노에도 신의 분노, 명예심에 따른 분노, 기분에 따른 분노 등 세 종류로 구분할 수 있겠다. 분노에 단계가 있다는 것은 곧 분노에 깊이가 있다는 뜻이다. 그런데 증오에도 그런 단계가 있을까. 우선 분노의 내면성을 이해해야 한다.

사랑과 증오를 대립된 개념으로 보는 것은 너무 기계적이다. 적어도 신의 변증법은 사랑과 증오의 변증법이 아니라 사랑과 분노의 변증법이다. 신은 증오는 몰라도 분노는 안다. 신의 분노를 망각한 사랑에 대한 수많은 얘기는 신의 사랑마저도 인간적인 것으로 만들었다.

우리가 분노하는 것은 대부분 기분 때문이다. 기분은 생리적인 부분과 관련 있다. 그러므로 분노를 가라앉히려면 생리적 수단에 호소해야 한다. 일반적으로 생리, 곧 생물학적 원리는 도덕과 깊은 상관관계가 있다. 선인들은 이를 통달하고 자주 실천했지만, 오늘날에는 그 지혜가 점점 사라지고 있다. 생리학이 빠진 윤리학은 육체 없는 인간처럼 추상적이다. 생리학은 이를테면 기술 중 하나인 체조에 빗댈 수 있다. 체조는 신체 운동에 대한 올바른 판단을 지배하며, 무질서한 정신도 다잡을 수 있다. 몸은 정념의 움직임에 따르는 성향이 있으므로 정념을 지배하려면 적당한 체조를 알아둬야 한다.

분노를 진정시키는 최상의 수단은 시간이라고 했다. 분노는 특히나 돌발적인 것이므로.

신은 가엾은 인간을 위로하라고 시간에 명했다. 시간은 인간을 구원할 것인가. 시간이 위로해준다는 것은 인간의 허무함에 속한다. 시간은 소멸하는 속성을 지녔다.

우리의 분노는 대부분 신경에 원인이 있다. 그러니 신경을 건드리는 원인, 이를테면 배고픔과 수면부족 등을 피해야 한다. 작은 일 때문에 벌어지는 사건은 모두 작은 일로 막을 수 있다. 그러나 지극히 사소한 일이라도 일단 벌어지면 큰 화를 부를 수 있다.

사회와 문화 현상은 인간의 신경을 몹시 곤두서게 한다. 분노는 상습적이 되고 점차 본래의 성질을 잃어간다. 분노와 초조가 끊임없이 뒤섞인다. 같은 이유로 오늘날에 이르러 분노와 증오의 구별도 모호해졌다. 화내는 사람을 볼 때면 옛날 사람을 만난 듯하다.

분노는 복수심으로 영속할 수 있다. 복수심은 증오의 형태를 띤 분노다. 하지만 분노는 영속하면 순수성을 유지하기 어렵다. 분노에서 나온 복수심도 단순한 증오로 변해버리는 일이 많다.

육욕적 사랑이 영속하면 점차 정화되면서 한결 차원 높은 사랑이 된다. 이것이 사랑의 신비다. 사랑의 길은 상승의 길이며, 그래서 인문주의의 관념과 일치되는 경우가 많다. 모든 인문주의의 밑바탕에는 에로티시즘이 있다고 할 수 있다.

단, 분노는 영속한다 해도 차원 높은 분노로 바뀌지 않는다. 대신 그만큼 깊고 신비한 신의 분노를 느낄 수 있다. 분노에는 오직 하락하는 길밖에 없다. 그만큼 분노의 근원이 깊다는 사실을 생각해야 한다.

사랑은 통합이며 융합이며 연속이다. 분노는 분리이며 독립이며 비연속이다. 신의 분노를 생각하지 않고 신의 사랑과 인간적 사랑을 구별할 수 있을까. 유대의 예언자 없이 그리스도를 생각할 수 있을까. 구약은 제외하고 신약만 생각할 수 있을까.

신조차도 분노로 자신이 독립된 인격이라는 사실을 드러내야 했다.

그중에서 특히 인간적인 분노는 명예심에 따른 분노다. 명예심은 개인의식과 뗄 수 없는 관계다. 인간은 무의식적으로 자기가 개인이라는 점, 독립된 인격임을 분노로 드러내려고 한다. 여기에 분노의 윤리적 의미가 숨겨져 있다.

오늘날 분노가 모호해진 배경에는 지금의 사회에서 명예심과 허영심의 구별이 모호해진 사정이 있다. 또한 이 사회에 성격이 없는 인간이 많아졌다는 사실을 반영한다. 분노하는 인간에게는 최소한 성격이라는 것이 있다.

사람은 자신이 경멸받았다고 느낄 때 가장 격렬하게 화를 낸다. 자신감이 있는 사람은 화내는 일이 별로 없다. 그의 명예심이 성급한 분노를 막아줄 테니까. 진정 자신감 있는 사람은 고요하며 위엄까지 갖추고 있다. 그야말로 완성된 성격이다.

상대방의 분노를 심적으로 회피하고자 자신의 우월함을 드러내는 것은 어리석은 행동이다. 자신의 우월성을 내세

울수록 상대방은 더 모멸감을 느끼고 더욱 분노한다. 진정 자신감 있는 사람은 자신이 우월함을 내세우지 않는다.

분노를 피하는 최상의 수단은 기지다.

분노에는 어딘가 귀족주의적인 구석이 있다. 좋은 의미에서건 나쁜 의미에서건 말이다.

고독이 무엇인지 아는 자만이 진정한 분노를 안다.

역설irony이라는 지적 성질은 그리스인의 이른바 오만hubris에 대응된다. 그리스인의 오만은 그들의 다혈질적인 성질과 깊은 관련이 있을 듯하다. 명예심과 허영심의 구분이 모호해지고 분노의 의미 또한 모호해진 오늘날, 역설이 크게 줄지는 않았으나 효용을 대부분 상실하고 말았다.

인간의 조건에
관하여

인간의 조건에 관하여

갖은 방법으로 자기 집중을 하려 애쓸수록 위에 붕 떠 있는 느낌이다. 대체 무엇 위에 있는가. 허무의 위 말고는 없다. 자기란 허무 속에 있는 점 하나다. 이 점은 끝도 없이 축소된다. 하지만 아무리 작아져도 자기는 허무와 하나가 되지는 않는다. 생명은 허무가 아니다. 아니, 허무는 인간의 조건이다. 하지만 파도나 물거품 하나를 바다와 떼어놓고 생각할 수 없듯이 이 조건 없이는 인간을 생각할 수 없다. 인생이 물거품 같다는 견해는 물거품의 조건인 파도와 바다를 생각하지 않는다면 타당하지 않다. 하지만 물거품과 파도가 바다와 한 몸이듯 인간도 그 조건인 허무와 한 몸이다. 생명이란 허무를 그러모으는 힘이다. 허무에서 나온 형성력이다. 허무를 그러모아 형성된 것은 허무가 아니다. 허무와 인간은 죽음과 삶처럼 다르다. 그래도 허무는 인간의 조건이다.

인간의 조건에는 다른 무수한 것이 존재한다. 예컨대 이

방, 이 책상, 이 책, 또는 이 책이 주는 지식, 그리고 이 집 정원, 자연 전체, 또는 가족, 사회 전체…… 그리고 세계. 이 수많은 단어는 더 무수한 요소로 분해할 수 있다. 무수한 요소는 서로 관련되어 있다. 또한 인간이라는 존재도, 그 몸과 정신도 그런 요소와 똑같은 질서로 한없이 분해할 수 있다. 하나의 세포가 존재하려면 다른 모든 세포가 조건이 되며, 하나의 심상心象이 존재하려면 다른 모든 심상이 조건이 된다. 이들 조건은 다른 모든 조건과 연관되어 있다. 이렇듯 분해를 계속하다 보면 조건이 아닌 인간 자체를 발견하기란 불가능해 보인다. 나는 자기가 세계의 요소와 동일한 요소로 분해되는 광경을 목격한다. 그럼에도 불구하고 내가 세계와 다른 무언가로 존재한다는 것은 분명하다. 인간과 인간의 조건은 명백히 다르다. 이것이 가능한 이유는 무엇일까.

사물이 인간의 조건이라는 말은 그것이 허무 속에 있을 때 비로소 그런 사물로 나타나기 때문이다. 달리 말하면 세계―한없이 크게 생각하건 한없이 작게 생각하건 간에―가 인간의 조건이라는 점에서 허무는 아프리오리 a priori, 즉 선험적이다. 허무라는 인간의 근본 조건에 제약되어 스스로 허무로 돌아갈 수 있기에, 아니 허무 자체로서 세계의 사물은 인간의 조건이다. 그래서 인간이 세계와 같은 요소로, 그 요소들의 관계로 끝없이 분해되더라도 인간과 세계, 인간과 인간의 조건 사이에는 구별이 존재한다. 허무가 인간 조건의 조건이 아니라면 어떻게 나 자신이 세계의 요소와 근본적으로 구별되는 존재일 수 있단 말인가.

허무가 인간의 조건 또는 인간 조건의 조건이라는 점을 감안하면 인생은 형성이라는 결론이 나온다. 자기는 형성력이며 인간은 형성된 존재라는 의미에 더해 세계도 형성된 존재일 때 비로소 현실적으로 인간의 생명에서 환경을 의미할 수 있다. 생명은 형태로서 외부에 형태를 입히고 사물에 형태를 주어 스스로에게 형태를 부여한다. 인간의 조건이 허무라서 가능한 형성 과정이다.

세계는 요소로 분해되고 인간도 이 요소적 세계 안에 분해된다. 또한 요소와 요소의 관계가 인정되며 요소 자체도 관계로 분해될 수 있다. 이 관계는 몇 가지 법칙으로 공식화된다. 하지만 그런 세계에서는 생명이 성립되지 않는다. 왜일까. 생명은 추상적 법칙이 아니며 단순한 관계도, 관계의 총합이나 누적도 아닌 형태이기 때문이다. 하지만 그런 세계에서는 형태를 생각할 수가 없다. 형태는 어딘가 다른 곳, 즉 허무에서 나온다고 생각해야 한다. 형성은 언제나 허무에서 출발한다. 형태의 성립, 형태 간 관계, 형태에서 다른 형태로의 변화도 허무가 바탕이 되었을 때에만 이해가 간다. 이것이 형태의 본질적 특징이다.

고대에는 실체 개념으로, 근대에는 관계 또는 기능 개념(함수 개념)으로 사고했다. 새 사고는 형태의 사고여야 한다. 형태는 단순한 실체가 아니며 단순한 관계나 기능도 아니다. 형태는 이른바 두 가지의 종합이다. 관계 개념과 실체 개념이 하나고 실체 개념과 기능 개념이 하나라는 관점에서 형태를 생각할 수 있다.

예전 사람들은 한정된 세계에서 생활했다. 그들이 사는 지역은 사방을 한눈에 내다볼 수 있는 곳이었다. 사용 도구는 어디 사는 아무개가 만든 것이고 그가 얼마만큼의 기량을 지녔는지도 파악하고 살았다. 또한 접하는 소식과 지식이 어디 사는 누구에게서 나왔는지, 그 사람이 얼마나 신용할 수 있는 남자인지를 훤히 알았다. 이처럼 생활 조건과 환경이 한정되었다는 점, 그래서 형태가 보이는 곳이었다는 점에서 인간 자체와 정신, 표정, 풍모의 형태가 확연했다. 즉, 예전 사람들은 성격이 뚜렷했다.

그런데 현대 인간의 조건은 다르다. 현대인은 무한한 세계에 살고 있다. 나는 내가 쓰는 도구가 어디 사는 누가 만든 것이지 모르고, 내가 근거로 삼는 보도와 지식도 어디 사는 누구한테서 나왔는지 모른다. 모두 무명일 뿐 아니라 무정형amorph인 것이다. 그런 생활 조건 아래 사는 현대인 또한 무명과 무정형이다. 다시 말해 이름과 일정한 형태가 없고 무성격, 즉 성격이 없는 존재가 되었다.

그런데 현대인의 세계가 그렇게 무한한 존재가 된 이유는 사실 그것이 가장 한정된 결과로서 발생했기 때문이다. 교통의 발달로 전 세계가 이어졌다. 나는 보이지 않는 무수한 존재와 연결되어 있다. 고립된 존재는 무수한 관계 속에 들어가면서 매우 한정된 존재가 되었다. 실체가 있는 존재는 관계로 분해되면서 엄밀히 말해 가장 한정된 존재가 되었다. 이 한정된 세계에 비하면 예전의 세계는 오히려 무한정이라 할 만하다. 그럼에도 불구하고 오늘날의 세계는 무한정하다. 관계적 또는 함수적으로는 한정되어 있지만 계속 한정된 결과 오히려 무한정한 형태가 되고 말았다. 사실 이 무한정한 형태가 특정한 한정 방법이 발달하면서 생겨났다는 점에 현대인의 무성격 특유의 복잡성이 있다.

오늘날을 사는 인간의 가장 큰 문제는 어떻게 하면 무형을 유형으로 만들 것인가에 있다. 이 문제는 내재적 입장에서는 해결되지 않는다. 왜냐하면 이 무정형한 상태는 한정이 발달한 결과 생긴 것이므로. 그래서 현대의 모든 초월적 사고방식에는 의미가 있다. 형성은 허무에서 시작해 과학을 넘어 예술적이라 할 만한 형성이어야 한다. 다소 예술적인 세계관, 그것도 관조적이지 않고 형성적인 세계관이 지배하기 전까지 현대는 구원이 없을 수도 있다.

혼란스러운 현대에서는 온갖 것이 혼합되고 있다. 대립하는 존재가 종합된다기보다는 혼합되고 있다는 표현이 실상과 가깝다. 이 혼합으로 새로운 형태가 태어날 것이다. 형태의 생성은 종합의 변증법이 아니라 혼합의 변증법이다. 내가 말하는 구상력 논리는 혼합의 변증법으로 특징을 부여해야 한다. 혼합은 일정하지 않은 결합이며 그 일정치 않은 성격의 근거는 허무의 존재다. 모든 것은 허무에서 존재하며 동시에 제각기 특수하게 허무를 내포하고 있기에 혼합될 수 있다. 허무는 일반적인 존재를 가지되, 제각기 특수한 존재를 가진다. 혼합의 변증법은 허무에서 형성되어야 한다. 카오스에서 코스모스가 태어난다고 주장한 고대인의 철학에는 심오한 진리가 담겨 있다. 그 의미를 주체적으로 파악하는 것이 중요하다.

고독에 관하여

고독에 관하여

"이 무한한 공간의 영원한 침묵이 나를 두렵게 한다." 파스칼.

고독이 두려운 이유는 고독 자체 때문이 아니라 고독의 조건 때문이다. 죽음을 두려워하는 이유가 죽음 자체 때문이 아니라 죽음의 조건 때문인 것과 마찬가지다. 하지만 고독의 조건 외에 고독 자체가 존재하는가. 죽음의 조건 외에 죽음 자체가 존재하는가. 조건 외에는 실체를 파악할 수 없는 것, 죽음과 고독이야말로 여기에 들어맞는다. 게다가 실체성이 없다고 실재성이 없다고 말할 수 있는가, 아니 말해야 하는가.

고대 철학은 실체성이 없으면 실재성을 고려하지 않았다. 그러니 죽음과 고독도 마치 어둠을 빛의 결여로 생각한 것처럼 단순한 결여steresis로 보았다. 그런데 근대인은 조건에 따라 사고한다. 조건에 따라 사고하도록 가르쳐준 것은 근대 과학이다. 다시 말해 근대 과학은 죽음에 대한 공포와 고독에 대한 공포가 허망함을 밝히지 않고 오히려 실재성을 증명했다.

고독이란 독거와 다르다. 독거는 고독의 조건 중 하나, 그것도 외적 조건에 불과하다. 심지어 사람은 고독을 벗어나고자 홀로 기거하기도 한다. 은둔자를 보면 그런 경우가 종종 있다.

고독은 산속이 아니라 거리에 존재한다. 한 인간이 아닌, 다수의 인간 '사이'에 있다. 고독은 '사이'에 있다는 점에서 공간과 같다. '진공에 대한 공포'—이는 물질이 아닌 인간의 것이다.

고독은 안에 갇힐 수 없다. 고독을 느낄 때 시험 삼아 손을 뻗고 가만히 바라보라. 불현듯 고독이 엄습해올 것이다.

고독을 맛보고 싶을 때 서양인은 거리로 나온다. 반면 동양인은 자연 속으로 들어갔다. 그들에게는 자연이 사회 같은 곳이었다. 동양인에게 사회의식이 없다는 말이 있는

데, 그들은 인간과 자연을 대립된 개념으로 생각하지 않기 때문이다.

동양인의 세계는 새벽녘이다. 반면 서양인의 세계는 낮과 밤이다. 낮과 밤이 대립하지 않는 곳이 새벽녘이다. 새벽녘의 쓸쓸함은 낮과 밤의 쓸쓸함과 본질적으로 다르다.

고독에는 미적 유혹이 있다. 고독에는 맛이 있다. 누구든 고독을 즐긴다면, 그 맛 때문이다. 고독의 미적 유혹에 대해서는 어린 여자아이조차 알고 있다. 한결 높은 고독의 윤리적 가치에 도달하는 것이 관건이다.

고독의 윤리적 가치 탐구에 일생을 바친 키에르케고르조차 그 미적 유혹에 종종 지곤 했으니 말이다.

감정은 주관적이고 지성은 객관적이라는 일반적 견해에는 오류가 있다. 오히려 그 반대가 진리에 가깝다. 감정은 많은 경우 객관적이고 사회화된 것이며, 지성이야말로 주관적이고 인격적인 것이다. 정말로 주관적인 감정은 지성적이다. 고독은 감정이 아닌 지성에 속해야 한다.

진리와 객관성, 즉 비인격성을 동일시하는 철학적 견해만큼 해로운 것도 없다. 그런 견해는 진리의 내면성은 물론이지만 특히 그 표현성을 이해하지 못한다.

어떤 대상이든 내가 고독을 초월하게 만들지는 못한다. 나는 고독하기에 대상인 세계 전체를 초월한다.

고독할 때에는 사물 때문에 파멸할 일이 없다. 우리가 사물 때문에 파멸하는 것은 고독을 알지 못할 때다.

사물이 진정 표현적인 개념으로 다가오는 것은 우리가 고독할 때다. 그리고 우리가 고독을 넘어설 수 있는 것은 그 부름에 응답하는 자신의 표현 활동을 통해서뿐이다. 아우구스티누스는 식물은 인간이 바라보기를 원하며 바라보는 것이 식물에게 구원이라고 했다. 표현은 사물에 대한 구원이며 사물을 구원하면 자신을 구원할 수 있다. 그리하여 고독의 뿌리는 가장 깊은 사랑에 있다. 거기에 고독의 실재성이 있다.

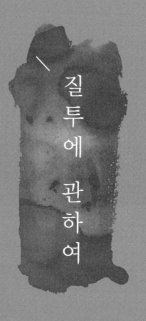

질
투
에

관
하
여

질투에 관하여

인간성의 선함을 의심케 하는 것이 있다면 그것은 인간의 마음에 자리한 질투의 존재다. 질투야말로 베이컨의 말처럼 가장 악마에 걸맞은 속성이다. 일반적으로 질투는 교활하게도 어둠 속에 숨어 선한 것을 해하려고 움직이기 때문이다.

어떠한 정념이건 천진난만하게 나타났을 때 아름답다. 그런데 질투에는 천진난만함이 없다. 사랑과 질투는 여러 면에서 닮았지만, 일단 그런 점에서 전혀 다르다. 다시 말해 사랑은 순수하지만, 질투는 언제나 음험하다. 어린아이의 질투도 마찬가지다.

사랑과 질투는 온갖 정념 중 가장 술책적이다. 다른 정념에 비해 훨씬 오래 지속되며 따라서 이지적인 술책이 들어갈 여지가 있다. 이지적인 술책이 더해지면 그 정념은 더 오래 지속된다. 사랑과 질투만큼 인간을 괴롭히는 정념도 없다. 다른 정념은 그 정도로 지속되지 않기 때문이다. 고통 속에서 온갖 술책이 탄생한다. 사랑에 질투가 뒤섞이면서 술책적인 성격이 되는 경우가 얼마나 많은가. 그러므로 술책적 사랑만 즐길 줄 아는 사람은 상대방이 질투를 느낄 만한 방법을 쓴다.

질투는 평소 '생각'하지 않는 사람도 '생각'하게 만든다.

사랑과 질투의 강점은 열심히 상상력을 동원하게 만든다는 데 있다. 상상력은 마술적인 것이다. 사람은 자신의 상상력으로 만들어낸 창조물에 질투를 느낀다. 사랑과 질투의 술책적인 성질도 그것이 상상력을 북돋아 상상력 때문에 움직이면서 생겨난다. 질투할 때도 상상력이 발휘되는데, 그 안에 약간의 사랑이 섞여 있기 때문이다. 질투의 밑바탕에는 사랑이 없고 사랑 안에는 악마가 없다는 사실을 누가 알까.

질투는 나보다 높은 지위에 있는 사람, 나보다 행복한 사람에게 일어난다. 단, 상대방과의 차이가 절대적이어서는 안 되며 나도 저 사람처럼 될 수 있다고 생각할 수 있는 정도여야 한다. 완전히 이질적이면 안 되고 공통점이 있어야 한다. 또한 질투는 질투당하는 사람의 위치에 자신을 높이려고 하지 않는다. 대개는 그를 자기 위치로 낮추려고 한다. 질투가 더 높은 곳을 지향하는 것처럼 보이지만 이는 표면에 불과하며, 본질적으로는 평균을 목표로 삼는다. 언제나 더 높은 것을 동경하는 사랑의 본질과는 대조적이다.

이처럼 질투는 사랑과 상반되는 성질을 지니며, 인간적인 사랑에 무언가를 더해야 할 것처럼 사랑을 끊임없이 간섭한다.

직업이 같은 사람끼리 진정한 친구가 되기란 직업이 다른 사람보다 훨씬 어렵다.

질투는 특질이 아닌, 양적인 것에서 작용한다. 특수한 것, 개성 있는 존재는 질투의 대상이 되지 않는다. 질투는 타인을 개성으로 인정할 줄도, 자신을 개성으로 이해할 줄도 모른다. 사람은 일반적인 것에 대해 질투한다. 반면 사랑의 대상은 일반적인 것이 아니라 특수한 존재, 개성적 존재다.

질투는 늘 마음 깊숙이 불타오르지만 내면성을 알지 못

한다.

질투란 모든 인간이 신 앞에서 평등하다는 사실을 모르
는 사람이 인간 세계에서 평균화를 추구하는 경향이다.

질투는 밖을 돌아다닐 뿐 집을 지키지 않는다. 자기 안
에 머물지 않고 끊임없이 밖으로 나가는 호기심의 큰 원인
중 하나다. 질투가 섞이지 않은 천진한 호기심이 얼마나
드문가.

하나의 정념이 지성보다 다른 정념으로 훨씬 잘 통제된
다는 사실은 일반적인 진리다. 영웅은 질투하지 않는다는
말이 사실이라면 그들에게는 공명심이나 경쟁심 같은 정
념이 질투보다 강할 것이다. 여기서 핵심은 훨씬 지속적인
힘이라는 점이다.

공명심과 경쟁심은 종종 질투와 혼동된다. 그러나 두 가
지는 명백히 다르다. 우선 공명심과 경쟁심은 공공장소를
알지만 질투는 알지 못한다. 질투는 모든 공공의 일을 사
사로운 일로 해석한다. 질투가 공명심과 경쟁심으로 바뀌

기란 그 반대보다 훨씬 어렵다.

질투는 늘 분주하다. 질투만큼 분주하면서 비생산적인
정념의 존재를 나는 모른다.

만일 천진한 마음을 정의한다면 질투에 빠지지 않는 마
음이 가장 적절할 듯하다.

자신감이 없어서 질투가 생긴다는 것은 맞는 얘기다. 자
신감이 아예 없다면 질투가 생길 여지도 없겠지만 말이다.
그런데 질투는 보통 질투심이 생긴 부분을 피하고 대상의
다른 부분을 건드린다. 속임수를 부리는 사술詐術적 속성이
있다.

질투심을 없애려면 자신감을 가지라는 말이 있다. 어떻
게 하면 자신감이 생길까. 무언가를 직접 창조하면 된다.
질투는 아무것도 창조하지 못한다. 인간은 창조로 자기를
구축하고 그래서 개성이 생긴다. 개성 있는 사람일수록 질
투에서 멀어진다. 개성 없이는 행복이 존재하지 않는다는
사실이 이해가 가는 대목이다.

성공에 관하여

성공에 관하여

오늘날 윤리학 전반에서 모습을 감춘 대표적인 두 개념은 행복과 성공이다. 그렇게 된 데는 제각기 상반된 원인이 있다. 행복은 더 이상 현대적이지 않아서, 성공은 지나치게 현대적이라는 이유에서다.

고대와 중세 사람의 도덕의식moral에는 지금 우리가 아는 성공이 어디에도 존재하지 않은 모양이다. 그들에게 도덕의 중심은 행복이었지만 현대인에게는 성공으로 대체된 듯하다. 성공이 세상의 주요 화제가 된 순간 행복은 사람들의 관심 밖으로 밀려났다.

근대의 특징인 성공의 도덕의식은 근대의 특징인 진보 관념과 유사하다. 사실 둘 사이에는 밀접한 관계가 있다. 근대 계몽주의 윤리 중 행복론은 행복의 도덕의식에서 성공의 도덕의식으로의 변화를 가능케 했다. 성공이란 진보 관념과 마찬가지로 직선적 향상으로 볼 수 있다. 따라서 행복에는 본디 진보가 포함되어 있지 않다.

중용은 주요 덕 중 하나일 뿐 아니라 모든 덕의 근본으로 여겨졌다. 성공의 도덕의식은 이런 관점을 파괴했다는 점에서 근대의 혁신이었다.

성공의 도덕의식은 몹시 비종교적이어서 근대의 비종교적 정신과 상통하는 면이 있다.

성공과 행복을, 성공하지 못함과 불행을 동일시하게 되면서 인간은 진정한 행복을 이해할 수 없게 되었다. 자신의 불행은 성공하지 못한 데 있다고 생각하는 사람이 있다면 그를 진심으로 측은히 여겨야 한다.

타인의 행복에 질투를 느끼는 사람은 행복을 성공과 동일시하는 경우가 많다. 행복은 개인에 속하며 인격, 특질과 관련이 있는데, 성공은 일반적이며 양적인 개념에 가깝다. 그러므로 성공은 그 본질상 타인의 질투가 따르는 경향이 있다.

행복이 존재와 관련이 있는데 반해 성공은 과정과 상관이 있다. 그러므로 타인이 성공으로 간주하는데 정작 성공한 당사자면서도 자신의 일이 아닌 것처럼 무관심한 사람이 있다. 그런 사람은 두 배로 질투의 대상이 될 우려가 있다.

독일어로 가장 적절히 표현된 성공주의자, Streber야말로 속물 중의 속물이다. 다른 유형의 속물은 때로 변덕을 부려 속물이기를 포기하기도 한다. 그런데 이 노력가형 성공주의자는 결코 궤도를 벗어나지 않는다. 그만큼 완벽한 속물인 셈이다.

슈트레버는 인생은 본래 모험이라는 형이상학적 진리를 어떤 경우에도 이해하지 못하는 인간이다. 상상력의 결여가 이 노력가형 인간의 특징이다.

성공도 인생에서 본질적인 모험에 속한다는 사실을 이해할 때 비로소 성공주의는 의미를 잃게 될 것이다. 성공을 모험의 관점에서 이해하는 것과 모험을 성공의 관점에서 이해하는 것은 본질적으로 다르다. 성공주의는 후자이며 거기에는 진정한 모험이 없다. 인생은 도박이라는 문구만큼 제대로 이해하지도 못한 채 함부로 남용되는 말도 없다.

일종의 스포츠처럼 성공을 추구하는 이는 건전한 사람이다.

순수한 행복은 개인 고유의 것이다. 하지만 성공은 그렇지 않다. 에피고낸툼(epigonentum, 추종자형)은 대부분 성공주의자와 관련이 있다.

근대 성공주의자는 형식은 뚜렷하되 개성이 없다.
고대에는 개인주의가 발달되지 않았는데, 그래서 형식을 따르는 인간을 개성이 있다고 보았다. 그런데 개인의식이 발달한 현대에 이르러 형식적 인간은 양적, 평균적 인간이되 개성은 없다고 보기 시작했다. 현대 문화의 비극, 아니 희극은 형식과 개성의 분리에 있다. 그 결과 개성은 있지만 형식적인 강점이 없고, 형식은 있지만 멋진 개성이 없는 인간이 등장했다.

성공의 도덕의식은 낙관주의optimism에 바탕을 둔다. 인생에 대한 의미는 낙관주의의 그것과 같다. 낙관주의의 밑바탕에는 합리주의 또는 주지주의가 깔려 있어야 한다. 낙관주의가 이런 방향으로 다듬어진다면 성공주의가 조금이라도 남을 수 있을까.

성공주의자가 비합리주의자라면 두려워해야 마땅하다.

근대적 모험심과 합리주의와 낙관주의와 진보 관념의 혼합으로 탄생한 최고의 가치는 기업가 정신이다. 고대의 이상적 인간이 현자였고 중세에는 성자였듯이 근대에는 기업가라 할 수 있다. 최소한 그렇게 생각할 만한 이유가 있다. 그런데도 대중이 그것을 순수하게 받아들이지 않은 이유는 근대의 배금주의 때문이다.

어느 정도 권력만 있다면 성공주의자만큼 다루기 쉬운 대상도 없을 것이다. 부하를 수월하게 다루고 싶다면 그들에게 입신출세 이데올로기를 주입하면 된다.

나는 이제야 니체의 도덕의식이 성공주의에 대한 극단적인 반감에 뿌리를 두고 있다는 사실을 이해했다.

명상에 관하여

명상에 관하여

나는 누군가와 대담을 나누다가 갑자기 입을 다물 때가 있다. 명상이 나를 찾아온 것이다. 명상은 늘 뜻밖의 손님이다. 내가 초대하지도 않지만 초대할 수도 없다. 하지만 그것은 아무 때나 거리낌 없이 찾아온다. '이제 명상 좀 해볼까' 따위는 얼토당토않은 말이다. 내가 할 수 있는 일이란 고작 이 뜻밖의 손님을 언제든 맞이할 준비를 하는 것뿐이다.

사색이 밑에서 위로 올라가는 것이라면 명상은 위에서 밑으로 내려오는 것이다. 명상의 특징은 하늘이 내려줬다는 데 있다. 신비주의mysticism와 밀접한 관계임을 엿볼 수 있는 대목이다. 명상에는 크든 작든 신비스러운 구석이 있다.

이 뜻밖의 손님은 때를 가리지 않고 찾아올 수 있다. 홀로 조용히 있을 때는 물론 완전한 소란 속에도 찾아온다.

고독은 명상의 조건이 아니라 결과다. 한 예로 나는 수많은 청중 앞에서 얘기하다가 문득 명상에 잠길 때가 있다. 그럴 때에는 이 불가항력의 침입자를 학살하든가, 거기에 완전히 몸을 맡기든가 둘 중 하나다. 명상에는 조건이 없다. 조건이 없다는 점이 하늘이 내려준다고 생각하는 근본적 이유다.

플라톤은 소크라테스가 포티다이아[13] 진영에서 만 하루 동안 내내 명상에 잠겼다고 했다. 그때 소크라테스는 정말로 사색이 아닌 명상을 한 것이다. 그가 사색한 것은 불쑥 시장에 나타나 아무나 붙잡고 담론을 벌였을 때다. 사색의 근본 형식은 대화다. 포티다이아 진영의 소크라테스와 아테네 시장의 소크라테스, 이만큼 명상과 사색의 차이를 명료하게 보여주는 예는 없다.

사색과 명상의 차이는, 사람은 설령 한창 사색할 때라도

---

13) 포티다이아(그리스어 Potidaea, 영어 Potidaea). 기원전 600년경 현재의 그리스 북부 힐키디키 현 남단에 코린토스 왕국이 건설한 고대 그리스의 식민 도시. 기원전 432~430년 아테네와 전투가 벌어진 곳으로 포티다이아 전투는 펠로폰네소스 전쟁의 계기가 되었다.

명상에 빠질 때가 있다는 사실에서 알 수 있다.

명상에는 과정이 없다. 이 점에서 본질상 과정적인 사색과 다르다.

모든 명상은 감미롭다. 그런 까닭에 사람은 명상을 원하며, 그래서 모든 인간은 신비주의를 선호한다. 하지만 명상은 본래 우리 인간의 의욕에 따라 움직이지 않는다.

우리를 사로잡는 사색의 매력은 명상, 즉 신비롭고 형이상학적인 것에 기초한다. 그런 의미에서 모든 사상은 본디 달콤하다. 사색이 달콤하다는 말이 아니다. 달콤한 사색을 어찌 사색이라 할 수 있겠는가. 사색의 밑바탕에 있는 명상이 감미롭다는 뜻이다.

명상은 감미로움으로 사람을 유혹한다. 참된 종교가 신비주의를 반대하는 이유도 그런 유혹 때문이 아닐까. 명상은 달콤하지만 그 유혹에 사로잡혔을 때 명상은 더 이상 명상이 아니라 몽상 또는 공상이 된다.

명상에 생명을 부여하는 것은 맹렬한 사색이다. 뜻밖의 방문자인 명상에 대비하는 것은 곧 사색하는 법에 대한 훈련이다.

명상벽이라는 말은 모순이다. 명상은 습관으로 정착할 성질이 아니기 때문이다. 습관으로 굳어진 명상은 명상이 아니라, 몽상 또는 공상이다.

명상을 하지 않는 사상가는 없다. 명상은 그에게 비전을 부여하며, 비전 없이는 참된 사상이 존재할 수 없기 때문이다. 진정 창조적인 사상가는 언제나 이미지를 떠올리며 사색에 맹렬히 집중하는 법이다.

근면은 사상가의 주요 덕목이다. 근면을 기준으로 사상가와 이른바 명상가 또는 몽상가를 구별할 수 있다. 물론 근면만으로 사상가가 될 수는 없다. 명상이 더해져야 한다. 동시에 진정한 사상가는 끊임없이 명상의 유혹과 싸우고 있다.

사람은 글을 쓰며, 또는 글쓰기를 통해 사색할 수 있다.

그러나 명상은 다르다. 명상은 이른바 정신의 쉼이다. 일과 마찬가지로 정신에도 한가함이 필요하다. 글을 너무 많이 써도, 전혀 쓰지 않아도 정신에 해롭다.

철학적 문장에서 파우제[14]란 곧 명상이다. 사상의 스타일은 주로 명상적인 것에 의존한다. 명상이 리듬이라면 사색은 박자takt다.

사상의 달콤한 유혹에는 늘 많건 적건 에로스적인 무언가가 있다.

사색과 명상의 관계는 정신과 신체의 관계와 같다.

명상은 사상적 인간의 이른바 원죄다. 명상, 즉 신비주의 속에 구원이 있다는 생각은 이단이다. 종교적 인간과 마찬가지로 사상적 인간에게 구원이란 본래 말로 부여되는 것이다.

---

14) 파우제(Pause). 독일어로 쉼표, 휴식, 막간의 휴식 시간을 뜻한다.

소
문
에

관
하
여

소문에 관하여

소문은 불안정하고 불확정하다. 게다가 스스로 손을 쓸 수조차 없다. 우리는 이 불안정한 것에 둘러싸여 살아갈 수밖에 없다.

그렇다면 소문은 우리에게 운명과 같은 것인가. 운명치고는 지나치게 우연적이다. 게다가 이 우연적인 것은 때로 운명보다 강하게 우리 존재를 결정한다.

만약 그것이 운명이라면 우리는 그것을 사랑해야 한다. 또한 정말 운명이라면 우리는 그것을 개척해야 한다. 하지만 소문은 운명이 아니다. 운명과 마찬가지로 그것을 사랑하거나 개척하려는 시도는 바보 같은 일이다. 우리를 옥죄여서는 안 되는 소문이 우리 운명을 결정하다니 어찌 된 일인가.

소문은 늘 먼 곳에 있다. 우리는 그 존재조차 모를 때가 많다. 먼 곳에 있는데도 우리와 꽤 밀접한 관계가 있다. 게

다가 이 관계는 예측을 불허하는 우연의 집합체다. 우리 존재는 눈에 보이지 않는 무수한 우연의 실로 알 수 없는 어딘가와 이어져 있다.

소문은 평판이라는 점에서 비평 중 하나라는 말도 있지만, 그 비평에는 아무 기준도 없거나 무수한 우연적 기준이 있다. 따라서 본래는 비평이 아니며 지극히 불안정하고 불확정하다. 더구나 이 불안정하고 불확정한 것은 우리 사회에 존재하는 가장 중요한 형식 중 하나다.

평판을 비평처럼 받아들이고 진지하게 대응하려고 해봤자 소용없다. 대체 누구를 상대한다는 말인가. 상대는 어디에도 없다. 아니, 곳곳에 존재한다. 우리는 이 마주할 수 없는 존재와 끊임없이 마주할 수밖에 없다.

소문은 누구의 소유도 아니다. 소문의 주인공조차 소유하지 못한다. 소문은 사회적인 것이지만, 엄밀히는 사회의 소유도 아니다. 아무도 이 실체 없는 것을 믿지 않는다고 하면서도 모두가 믿고 있다. 소문은 허구의 원초적인 형식이다.

소문은 온갖 정념에서 생겨난다. 질투, 의심, 경쟁심, 호기심 등에서 말이다. 소문은 떠도는 것이며, 소문이 된 순간 정념이 아니라 관념적인 존재가 된다―열정이 더해진 소문은 소문으로 받아들여지지 않는다―여기서 이른바 1차 관념화 작용이 이루어진다. 2차 관념화 작용은 소문이 신화가 될 때 일어난다. 신화는 고차원의 허구다.

모든 소문의 근원이 불안이라는 말에는 진리가 담겨 있다. 사람은 스스로 불안 때문에 소문을 만들고 받아들이고 퍼뜨린다. 불안은 정념 중 하나가 아니라 오히려 모든 정념을 움직이는, 정념 중의 정념이며 따라서 정념을 초월한다. 불안과 허무를 하나로 보는 까닭이기도 하다. 허무에서 태어난 소문은 허구다.

소문은 과거나 미래를 모른다. 소문은 본질상 현재에 속한다. 이 부유하는 소문에 우리가 계속 정념을 집어넣거나 합리화를 위해 가공하면 소문은 신화로 변한다. 그러므로 소문이 영속하게 되면 신화로 변해간다. 소문의 내용이 어떻건 간에 소문의 대상이 된다고 파멸하지는 않는다. 언제까지나 소문으로만 떠돌도록 내버려둘 만큼 무관심하고 냉

정하게 현명한 태도를 유지할 수 있는 인간은 적을 테니까.

소문에는 책임자가 없다. 그 책임을 떠맡고 있는 것을 우리는 역사라 부른다.

그것이 소문인지 여부는 역사적인 것인지 여부를 구별하는 징표 중 하나다. 자연과 관련된 것이라도 소문이 되는 순간 역사의 세계에 속하게 된다. 하물며 사람도 역사적인 인물일수록 소문이 더 많을 것이다. 이렇듯 역사는 모두 기반이 불안정하다. 단, 소문은 역사 속으로 들어갈 입구에 불과하다. 대개는 이 입구에 들어서자마자 사라져버린다. 정말로 역사에 속하게 되면 더 이상 소문이 아니라 신화로 존재한다. 소문에서 신화로 범주가 변할 때 역사의 관념화 작용이 일어난다.

이와 같이 역사는 정념 속에서 관념 또는 이념을 생성한다. 이는 역사의 심오한 비밀이다.

소문은 역사로 진입하는 입구에 불과하지만, 그래도 이 세계로 들어가기 위해 한 번은 통과해야 할 입구인 듯하다. 역사적인 것은 이 거칠고 불안정한 소문 속에서 생겨난다. 물질이 결정체가 되기 전에 먼저 겪어야 하는 충격과 같다.

역사적인 것은 비평보다는 소문 속에서 결정되어간다. 무엇이든 역사에 속하려면 비평만 통과해서는 안 된다. 한결 변덕스럽고 우연적이며 불확정한 소문을 통과해야 한다.

소문보다 유력한 비평은 아주 드물다.

역사는 불확정한 것에서 생성된다. 소문이란 가장 불확정한 것이다. 그런데 역사는 가장 확정적인 것이 아니었던가.

소문의 문제는 확률의 문제다. 게다가 물리적 확률과는 다른, 역사적 확률 문제다. 누가 이 확률을 계산할 수 있겠는가.

소문을 퍼뜨리듯 비평하는 비평가는 많다. 하지만 비평을 역사적 확률 문제로 다루는 비평가는 드물다. 내가 알

기로는 발레리[15]가 그런 사람이다. 그런 비평가가 되려면 수학자 같은 지성이 필요하다. 하지만 독단적인 비평가가 얼마나 많은가. 또한 자신과 세상의 믿음과는 반대로 비평적이지 않고 실천적인 비평가가 얼마나 많은가.

---

15) 폴 발레리(Paul Valéry, 1871~1945). 프랑스의 시인, 비평가, 사상가. 주요 저서로 《해변의 묘지》, 《나르시스단장》, 《매혹》, 《레오나르도 다빈치 방법 입문》 등이 있다.

이
기
주
의
에

관
하
여

이기주의에 관하여

일반적으로 우리 생활은 기브 앤드 테이크give and take 원칙이 지배한다. 따라서 순수한 이기주의는 전혀 존재하지 않거나 극히 드물다. 받는 것 없이 베풀기만 할 정도로 덕이 있거나 힘이 있는 사람이 누가 있단 말인가. 반대로 베풀지 않고 받기만 할 만큼 힘이 있거나 덕이 있는 사람이 있을까. 순수한 영웅주의가 드문 것처럼 순수한 이기주의 또한 흔치 않다.

삶을 지배하는 기브 앤드 테이크 원칙에 우리는 대개 무의식적으로 따른다. 즉, 우리는 의식적으로만 이기주의가 될 수 있다.

이기주의자가 거슬리는 이유는 이기적인 인간이라서가 아니라 의식적인 인간이기 때문이다. 그래서 이기주의자는 상대방이 아니라 자의식 때문에 괴로워한다.

이기주의자는 원칙적인 인간이다. 그 이유는 그가 의식

적인 사람이기 때문이다―사람은 습관 이외의 요소로는 이기주의자가 될 수 없다. 앞의 명제와 반대되면서 상호 모순되는 두 가지 명제 속에서 인간의 힘과 무력함을 엿볼 수 있다.

우리가 기브 앤드 테이크 원칙에 따라 살고 있다고 하면 어느 정도 반감이 드는 게 보통이다. 여기서 실증적으로 살기가 얼마나 어려운가를 알 수 있다. 이기주의라는 개념 도 대부분 상상에 속한다. 그런데 이기주의자가 되려면 상 상력을 갖지 말아야 한다는 요건을 충족해야 한다.

이기주의자가 비정하다고 간주되는 이유는 애정이나 동 정심이 없어서가 아니라 상상력이 없기 때문이다. 이처럼 상상력은 삶의 근본이다. 인간은 이성보다는 상상력을 가 졌다는 점에서 동물과 다르다. 하다못해 애정도 상상력이 없으면 무슨 소용인가.

애정은 상상력으로 헤아릴 수 있다.

실증주의는 본질상 비정하다. 그러므로 실증주의의 끝 은 허무주의라 해도 무방하지 않을까.

이기주의자는 어중간한 실증주의자다. 혹은 자각하지 못한 허무주의자라고 볼 수 있다.

이기적이라는 말과 실증적이라는 말은 종종 서로 대체되기도 한다. 한편으로는 자기변명 차원에서, 또 한편으로는 타인을 공격하기 위해서 말이다.

우리 생활을 지배하는 기브 앤드 테이크는 기대의 원칙이다. 베풀면 받기를, 받으면 베풀기를 기대한다. 결정론적이 아닌 확률적인 기대의 원칙이다. 이렇듯 인생은 개연성 위에서 굴러간다. 인생에서는 개연적인 것이야말로 확실한 것이다.

우리 삶은 기대를 바탕으로 이루어진다.

기대에는 타인의 행위를 구속하는 마술적 힘이 있다. 우리 행위는 번번이 그 주술에 속박된다. 도덕의 구속력 또한 여기에 기초한다. 타인의 기대에 반하는 행위를 하기는 생각보다 훨씬 어렵다. 때로는 사람들의 기대에 완전히 반하는 행동을 감행할 용기를 가져야 한다. 세상의 기대에 부응하려고 애쓰다가 끝내 자기를 발견하지 못하는 사람이 수두룩하다. 수재라 불렸다가 평범한 사람으로 살아가게 되는 경우가 그런 사례 중 하나다.

이기주의자는 기대하지 않는 사람이며, 그렇기에 신용하지 않는 사람이다. 그래서 늘 남을 의심하며 괴로워한다.

기브 앤드 테이크를 기대의 원칙이 아닌, 타산의 원칙으로 여기는 사람이 이기주의자다.

사람이 이기적인지 여부는 주고받기에 대한 수지 타산을 얼마만큼 미룰 수 있느냐에 달려 있다. 이런 시간에 관한 문제는 타산의 문제를 넘어선, 기대와 구상력의 문제다.

현세에서 가지지 못한 것을 사후에 가질 것을 기대하는 이를 두고 종교적인 사람이라 부른다. 신의 존재에 대한 칸트 증명의 골자다.

이기주의자는 타인은 자신과 다르다는 점을 암묵적으로 전제한다. 만일 모든 인간이 이기적이라면 그의 이기주의도 성립하지 않을 테니까. 이기주의자의 오산은 타인과의 차이를 타산 기간의 문제로 인식하지 못했다는 데 있다.

그에게 상상력이 결여되어 있다는 명백한 증거다.

이기주의자는 자신이 충분히 합리적이라 믿는다. 그렇다고 공언하거나 긍지로 여기기도 한다. 자신의 이성과 지혜의 한계가 상상력의 결여 때문이라는 사실을 이해하지 못한다.

모든 인간이 이기적이라는 전제가 깔린 사회계약설은 상상력이 배제된 합리주의의 산물이다. 사회의 기초는 계약이 아니라 기대다. 사회는 기대라는 마술적 구속력 위에 세워진 건물이다.

모든 이기주의자는 자신의 특수한 이익이 일반적 이익이라 주장한다―이런 견해를 바탕으로 얼마나 많은 이론이 만들어졌던가―반면 사랑과 종교에서 사람은 오히려 단적으로 자기를 주장한다. 사랑과 종교는 이론을 경멸한다.

이기주의라는 말은 주로 타인을 공격할 때 사용된다. 주의라는 명칭은 자기가 직접 짓기보다는 반대 의견을 지닌

사람이 억지로 밀어붙이게 마련인데, 이기주의는 가장 일
상적인 예다.

건강에 관하여

건강에 관하여

나 자신에게 무엇이 득이 되고 해가 되는 가에 대한 자기 관찰이 건강 유지를 위한 최상의 물리학이라는 사실에는 물리학 법칙을 넘어선 지혜가 담겨 있다— 이 대목에서 베이컨의 말을 인용해야겠다. 지극히 중요한 건강의 지혜이기 때문이다. 그 밑바탕에는 건강은 각자의 것이라는 단순한, 단순한 나머지 경건하기까지 한 진리가 깔려 있다.

누구도 다른 사람 대신 건강할 수는 없으며 누구도 나 대신 건강할 수는 없다. 건강은 온전히 각자의 몫이다. 그러므로 평등하다. 여기서 나는 종교적인 것을 느낀다. 모든 건강법은 여기서 출발해야 한다.

풍채와 기질, 재능에 저마다 개성이 있다는 것은 누구나 아는 사실이다. 그런데 이와 마찬가지로 건강도 매우 개성적이라는 사실은 이해하고 있을까. 건강에 대해서는 튼튼

하다거나 약하다는 아주 보편적인 판단에 만족하는 듯하다. 그런데 연애와 결혼, 교제에서 행복과 불행을 판가름하는 가장 중요한 요소는 각자의 건강과 관련된 지극히 개성적인 부분이다. 생리적 친화성은 심리적 친화성 못지않게 섬세하고 중요하다. 그런데 대부분 그것을 깨닫지 못한 채 본능으로 상대방을 선택한다.

이처럼 건강이 개성적이라면 건강의 법칙은 인간적 개성에 관한 법칙과 다르지 않다는 얘기가 된다―즉, 우선 자기 개성을 발견하고 그 개성에 충실하고 나서 개성을 만들어나가야 한다. 생리학 법칙과 심리학 법칙은 동일하다. 생리학 법칙은 심리학적이어야 하며, 심리학 법칙은 생리학적이어야 한다.

건강론은 자연철학을 바탕으로 한다. 과거 동양과 서양에서도 그러했고 오늘날에도 그러해야 마땅하다. 여기서 자연철학이란 물론 의학이나 생리학을 말하는 것이 아니다. 자연철학과 근대 과학은, 후자가 곤궁함에서 출발한 반면 전자는 소유의식에서 출발했다는 점에서 상이하다. 발명은 곤궁함에서 탄생한다. 그러므로 후자가 발명적인데 반해 전자는 발견적이다. 근대 의학은 건강에 대한 곤궁함에서, 질병에 대한 위기의식에서 나왔다. 한편 과거 건강론에서는 건강을 소유물로 간주하여 이 자연물의 형성과 유지 방법에 중점을 두었다. 건강이 아닌 질병이 발명의 계기가 된다.

건강의 문제는 인간적 자연의 문제다. 신체의 문제만은 아니라는 뜻이다. 건강하려면 신체는 물론 정신을 단련해야 한다.

세상 만물 중 내 생각에 따라 달라질 수 있는 것은 나의 몸이다. 상상의 병은 진짜 병이 될 수 있다. 나 이외의 사물은 내 상상으로 질서가 무너지지 않는다. 무엇보다 내 몸에 관한 공포를 떨쳐내야 한다. 공포는 부질없는 동요만 낳고 근심은 늘 공포를 부풀린다. 결국 스스로 파멸했다고 여기게 된다. 그러다가 급한 일이 생기면 자신의 생명이 온전하다는 사실을 깨닫는 사례가 많다.

자연에 따르라는 것이 건강법의 근본 이치다. 이 말의 의미를 형이상학적으로 깊이 이해해야 한다. 우선은 자연이 일반적인 것이 아니라 개별적이고 자기형성적이라는 사실을 이해해야 한다―모방 정신은 근대의 발명 정신과는 다르다―그러면 쓸데없는 불안을 없애고 안심감을 심어주는 도덕적 효과가 따라온다.

건강은 사물의 형태처럼 직관적이고 구체적인 것이다.

현대 의학이 아무리 발달해도 건강 문제는 궁극적으로 자연형이상학의 문제다. 무언가 변화가 필요하다면 그저 형이상학이 새로운 것으로 대체되면 그뿐이다. 의사 자신은 건강을 돌보지 못한다는 옛말이 있다. 건강을 지키려면 의사에게도 형이상학이 필요하다는 뜻이다.

객관적인 것은 건강이며 주관적인 것은 병적이다. 이 말에 담긴 형이상학에서 우리는 탁월한 건강법을 도출할 수 있다.

건강 관념에 가장 큰 변화를 가져온 것은 기독교다. 주관주의 철학에서 영향을 받았다. 건강 철학을 추구한 니체가 기독교를 그토록 맹렬하게 공격한 것은 당연하다. 하지만 니체 자신의 주관주의는 그가 추구한 건강 철학을 파괴

할 수밖에 없는 성격이었다. 여기서 우리는 근대 객관주의 철학은 근대 주관주의를 뒤집은 데 불과하며, 둘은 쌍둥이라는 점에 주의해야 한다. 이렇듯 주관주의가 등장하고 나서 질병에 대한 관념은 독자성을 띠고 고유한 의미가 부여되었다. 병은 건강의 결핍이라는 더 적극적인 의미를 가지게 되었다.

근대주의가 도달한 곳은 인격의 분해라고 한다. 이와 더불어 중요한 사건이 일어났다, 바로 건강에 대한 관념까지 분열된 것이다. 현대인은 더 이상 건강에 대해 완전한 이미지를 갖지 못한다. 이것이야말로 현대인이 불행한 주요 원인이다. 어떻게 하면 건강에 대한 완전한 이미지를 되찾을 수 있을까, 이것이 오늘날 최대의 난제 중 하나다.

"건강 자체는 존재하지 않는다." 니체의 말이다. 과학적 판단이 아니라 니체의 철학을 표명한 것에 지나지 않는다. 칼 야스퍼스에 따르면 "일반적으로 질병의 정의는 의사의 판단이 아니라, 환자의 판단과 각 문화권의 지배적 견해에 의존한다." 그의 견해처럼 질병과 건강이 존재 판단이 아니라 가치 판단이라면 철학에 속한다. 경험적 존재 개념인 평균이라는 말을 쓸 수밖에 없다. 그러나 평균적 건강으로는 저마다 개성적인 건강의 본질을 전혀 파악할 수 없다. 만약 건강이 목적론적 개념이라면 건강은 과학의 범주를 벗어나게 된다.

자연철학 또는 자연형이상학의 실종이야말로 오늘날 건강이 사라진 원인이다. 지금 같은 과학의 시대에 질병에 얽힌 미신이 많은 까닭이기도 하다.

실제로 건강을 다룬 수많은 글을 보면 어느 정도 형이상학적 원리가 담겨 있다. 예컨대 변화를 꾀하고 반대되는 일을 맞바꿔라, 상대적으로 덜 극단적인 취향을 가져라. 단식과 포식을 활용하되 포식을 더 해라. 깨어 있음과 잠을 활용하되 더 많이 자라. 앉아 있음과 움직임을 활용하되 더 많이 움직여라—이는 일종의 형이상학적 사고다. 다른 예를 들자면 단 하나만 있는 것은 바꾸지 않는 편이 낫다, 많은 것이 있는 쪽을 바꿔야 안전하다—여기서도 형이상학적 원리가 드러난다.

건강은 평화와 같다. 다양한 종류가 있고 수많은 가치가
혼재되어 있을 것이다.

질서에 관하여

질서에 관하여

처음 방문한 가사 도우미에게 서제 청소를 맡겼다고 하자. 아마 책상이나 주변에 어수선하게 널려 있는 책과 서류, 필기구 등을 깔끔하게 정리하고는 만족했을 것이다. 그런데 내가 책상에서 막상 일을 시작하려는 순간 왠지 정돈되지 않고 차분하지 않은 느낌이 들어 나는 한 시간도 채 안 돼 말끔하게 정돈된 것을 어지럽혀 원상태로 돌려놓을 것이다.

이는 질서란 무엇인가를 보여주는 간단한 사례다. 외관상 말끔하게 정리된 곳이라고 해서 반드시 질서가 존재한다는 법은 없으며, 언뜻 무질서하게 보이는 곳에 오히려 질서가 존재한다. 여기서 질서란 분명 마음의 질서와 관련되어 있다. 외적 질서가 어떻건 간에 마음의 질서와 일치하지 않으면 진정한 질서가 아니다. 마음의 질서를 등한시하면 아무리 외면의 질서를 세운다고 한들 공허만 남는다.

질서는 생명이 깃든 원리다. 거기에는 늘 온기가 있어야 한다. 사람은 온기로 생명의 존재를 감지한다.

또한 질서에는 내실이 있어야 한다. 잘라버리거나 치우기만 한다고 질서가 생기는 것은 아니다. 허무가 질서의 반대라는 사실은 명백하다.

하지만 질서는 언제나 경제적이다. 최소한의 비용으로 최대의 효과를 거둔다는 경제 원칙은 질서의 원칙이기도 하다. 아주 친숙한 사실로 이를 증명할 수 있다. 절약—평범한 경제적 의미에서—은 질서를 존중하는 형식 중 하나다. 여기서 절약은 엄청난 교양인 동시에 종교적 경건에 가까운 개념이다. 반대로 말하면 절약은 질서를 숭배하는 형식 중 하나라는 점에서만 윤리적인 의미를 지닌다. 무질서는 일반적으로 낭비 때문에 생긴다. 금전을 낭비하면 마음의 질서가 어떻게 될지 짐작이 갈 것이다.

시간 활용에서는 질서에 대한 사랑이 드러난다.

최소한의 비용으로 최대의 효과를 거둔다는 경제 법칙은 마음의 질서에 적용되는 법칙이기도 한데, 이는 경제 법칙이 곧 미학의 법칙이기 때문이다.

미학의 법칙은 정치의 질서에서도 규범적일 수 있다. "현대의 정치적 문제를 미학으로 해결한다."는 실러의 말은 무엇보다 질서 문제에 관해 타당하다.

지식만으로는 부족하다. 능력이 관건이다. 능력은 기술이라는 말로 대체할 수 있다. 마음의 질서를 포함해 질서는 기술의 문제다. 이를 이해하는 데 그치지 말고 다룰 능력을 획득해야 한다.

최소한의 비용으로 최대의 효과를 거둔다는 경제 법칙은 사실 경제 법칙이라기보다는 기술적 법칙이며 그렇기에 미학에도 포함된다.

《플라톤》에서 소크라테스는 덕은 마음의 질서라고 했다. 이보다 구체적이고 실증적인 덕의 정의가 있을까. 오늘날 가장 잊힌 것은 덕에 대한 사고방식이다. 우리는 마음의 질서라는 덕의 정의를 논증하며 소크라테스가 사용한 방법이 건축술, 조선술 등 다양한 기술과의 비교 연구였다는 점에 주의해야 한다. 이는 비교 연구 이상의 중요한 의미를 지닌다.

실체조차 없는 마음에 기술이 가능하기나 한가, 이런 의문이 들 만하다.

현대 물리학은 전자론[16] 이래 물질에서 물체성을 앗아갔다. 이 가설은 모든 물질계를 완전히 실체가 없는 것으로 보는 듯하다. '실체' 개념을 피하고 '작용'의 개념으로 대체해야 한다는 지적도 나온다. 수학적으로 기술된 물질은 일상적인 친숙함을 잃어버렸다.

신기하게도 이 물질관을 변화시킬 만한 변혁이 그것과는 전혀 무관한 인간의 마음속에서 준비되고 실현되었다. 현대인의 심리—꼭 현존 심리학은 아니더라도—와 현대 물리학이 평행선을 달린다는 사실을 비판적인 논조로 밝힘으로써 새로운 윤리학의 출발점으로 삼아야 한다.

지식인의 원시적인 의미는 무언가를 창조하는 인간이었다. 다른 인간이 만들 수 없는 것을 만들어내는 인간이 곧 지식인이었다. 이 원시적인 의미를 우리는 다시 한 번 되

---

16) 전자론(electron theory). 전자의 성질, 물질의 전자적 구성을 밝히는 물리학의 한 부문. 전자 가설이라고도 한다. 오늘날에는 소립자론이나 물성론에 포함되어 있다.

새겨야 한다.

호메로스의 영웅들은 수공업에 종사했다. 에우마이오스[17]
는 스스로 가죽을 다듬어 신발을 만들었으며, 오디세우스
는 뛰어난 목수이자 목공이었다는 기록이 남아 있다. 이는
우리가 선망할 만한 일이 아닐까.

도덕에도 수공업에 해당되는 부분이 있다. 이것이야말
로 도덕의 기초다.

다만, 어려움이 있다면 오늘날 물적 기술이 '도구'에서 '기
계' 기술로 변한 큰 변혁이 도덕에서도 요구된다는 점이다.

무언가를 창조함으로써 그것을 알아야 한다. 이것이 근
대 과학의 실증 정신이며, 도덕 또한 그런 의미에서 완전
히 실증적이어야 한다.

플라톤이 마음의 질서에 대응하는 개념으로 국가의 질
서를 생각한 것도 이상하지 않다. 여기에는 깊은 지혜가

---

17) 에우마이오스(Eumaeus). 그리스 신화에 등장하는 오디세우스의 충직한 하인.

담겨 있다.

질서와 관련된 모든 구상의 밑바탕에는 가치 체계가 설정되어 있어야 한다. 그런데 오늘날 유행하는 신질서론의 기반에는 어떤 가치 체계가 존재하는가. 오늘날 윤리학마저 가치 체계를 설정하지 못한 채 포기했으며 그럼에도 교활하게도 태연한 모습이다.

니체가 모든 가치의 전환을 주장한 후 지금까지 승인된 가치 체계는 없다. 그 이후 설정된 새로운 질서는 언제나 독재의 형태를 취할 수밖에 없었다. 모든 가치의 전환이라는 니체의 사상 자체는 사실 근대 사회 가치의 아나키[18]적 표현이었다. 근대 민주주의는 내면적으로 이른바 가치의 다신론에서 무신론으로, 다시 말해 허무주의에 빠질 위험이 있었다. 이를 누구보다 깊이 이해한 사람이 니체였다. 그런 허무주의, 내면적 무질서야말로 독재 정치의 기반이 된다. 만약 독재를 바라지 않는다면 허무주의를 극복하고 내면부터 회복해야 한다. 그러므로 오늘날 우리나라의 많은 지식인은 독재를 극단적으로 혐오하면서도 그 자신은

---

18) 아나키(anarchy). 무정부 상태, 무질서.

니힐리즘[19)]에서 벗어나지 못하고 있다.

외적 질서는 강압으로 조성되기도 한다. 하지만 마음의 질서는 그렇지 않다.

인격이란 곧 질서이며 자유 또한 곧 질서다. 이를 반드시 이해해야 한다. 이를 이해할 수 있을 때 비로소 주관주의가 불충분해지고 객관적인 것을 인정할 수밖에 없게 된다. 근대 주관주의는 질서 사상을 잃어버리고 허무주의에 빠졌다. 이른바 무無의 철학이라 해도 질서 사상, 그중에서도 가치 체계를 확립하지 못한다면 절대주의적 허무주의처럼 변해버릴 우려가 크다.

---

19) 니힐리즘(nihillism). 허무주의. 모든 사물과 현상은 존재하지 않고 인식되지도 않으며 아무런 가치도 없다고 주장하는 사상적 태도.

감상에
관하여

감상에 관하여

정신이란 무엇인가, 우리 몸을 보면 알 수 있다. 우리는 몸을 움직이며 기뻐할 수 있고 기쁨으로 움직임은 활기차진다. 또한 몸을 움직이며 분노할 수 있고 분노로 움직임은 격렬해진다. 단, 감상은 다르다. 감상에 젖으면 일단 멈춰 서거나 최소한 정지 상태가 되어야겠다는 느낌이 든다. 움직이기 시작한 순간 감상은 사라지거나 다른 감정으로 변해간다. 감상에서 벗어나게 할 때 일단 몸을 일으켜 움직이기를 강요하는 까닭이다. 이를 통해 감상의 심리적 성질을 알 수 있다. 만약 일본인이 유난히 감상적이라는 말이 옳다면 오랫동안 형성된 생활양식과 관련이 있지 않을까.

감상에 젖으면 그저 앉아서 바라볼 뿐, 일어나서 다가가지 않는다. 아니, 아예 바라보지도 않는다. 감상은 그 대상이 무엇이건 결국 나 자신에게 머무른 채 대상에 개입하지 않는다. 비평도 그렇고 회의懷疑 또한 대상에 개입하지 않는다면 한낱 감상에 지나지 않는다. 진정한 비평, 진정한 회의란 대상에 개입하는 것이다.

감상은 사랑, 미움, 슬픔 등 다른 정념과 구별되면서 동시에 나열되는 정념이 아니다. 오히려 감상은 온갖 정념이 취할 만한 형식 중 하나다. 모든 정념은 가장 조악한 것부터 가장 지적인 것에 이르기까지 감상의 형식에 존재하고 그에 작용한다. 사랑도 감상이 될 수 있고 미움도 감상이 될 수 있다. 한마디로 감상은 정념의 보편적 형식 중 하나다. 실체가 없는 것처럼 보이는 이유도 그것이 정념의 종류가 아니라 존재 양상이기 때문이다.

감상은 모든 정념의 표면에 존재한다. 그런 점에서 감상은 모든 정념의 입구이자 출구다. 우선 후자에 주의하자. 하나의 정념은 활동이 끝나면 감상으로 이어지고 감상으로 끝난다. 눈물이 정념을 진정시키는 까닭도 여기 있다. 눈물은 격렬한 정념의 활동을 감상으로 바꿔주는 친근한 수단이다. 하지만 눈물만으로는 충분치 않다. 흐느껴 울어야 한다, 즉 정지가 필요하다. 유난히 감성적이라는 소리를 듣는 사람은 모든 정념에 고유의 활동을 부여하지 않고 표면에 있는 입구를 통해 확산시키는 사람이다. 그러므로 감상적인 사람은 깊이가 전혀 없지만, 해롭지는 않다.

감상은 모순을 모른다. 사람은 사랑과 미움 때문에 마음이 분열된다고 한다. 그런데 그 감정이 감상이 된 순간 사랑과 미움은 완전히 하나가 된다. 운동이 모순에서 생긴다는 의미에서도 감상이 움직인다고는 생각하지 않을 것이다. 감상은 그저 흘러간다, 아니 떠돈다. 감상은 친근한 화해 수단이다. 그래서 종교적 마음, 무너진 마음과 혼동되곤 한다. 우리의 감상적인 마음은 불교의 무상관無常觀에서 받은 영향도 적지 않은 듯하다. 그만큼 두 가지를 엄격하게 구별하는 것이 관건이다.

감상은 감상을 부른다, 그렇지 않으면 그냥 사라진다.

정념은 고유의 힘으로 창조하거나 파괴한다. 단, 감상은 다르다. 정념은 고유의 힘으로 상상imagination을 깨운다. 그런데 감상에는 꿈이 뒤따를 뿐이다. 상상력은 창조적일 수 있다. 하지만 꿈은 그렇지 않다. 하나는 움직이고 또 하나는 움직이지 않는다는 차이가 있다.

감상적이라고 해서 예술적인 것으로 여긴다면 그것은 감상에 불과하다. 감상적이라고 해서 종교적인 것으로 여기는 사람은 그보다 훨씬 감상적이다. 종교와 예술 모두 감상에서의 탈출이다.

명상은 대부분 감상에서 나온다. 최소한 감상이 뒤따르거나 감상으로 변해간다. 사고하는 자는 감상의 유혹에 져서는 안 된다.

감상은 취미처럼 즐기는 대상이 될 수 있으며, 실제로 종종 그리 된다. 이처럼 감상은 달콤하며 유혹적이다. 명상이 취미가 되었다면 감상적이 되었기 때문이다.

모든 취미가 그러하듯이 감상은 본질상 과거 위에서만 움직인다. 완성되고 있는 것이 아니라 완성된 무언가에 작용한다. 지나간 모든 것은 감상에 잠겼을 때 아름다워 보인다. 감상적인 사람은 회상을 즐긴다. 인간은 미래에 대해서는 감상에 젖을 수 없다. 미래를 두고 감상에 빠졌다면 그것은 진짜 미래가 아니다.

감상은 만드는 것이 아니라 맛보는 것이다. 과연 감상으로 무엇을 음미한다는 말인가. 사물에 개입하지 않고도 음미할 수 있는가. 감상에 젖었을 때 나는 사물이 아닌 나 자신을 음미한다. 아니, 정확히는 나 자신이 아니라 감상 자체를 음미하는 셈이다.

감상은 주관주의다. 청년이 감상적인 것은 지금이 주관적인 시대이기 때문이다. 주관주의자는 제아무리 개념이나 이론으로 치장한들 내실은 감상주의자인 경우가 대부분이다.

모든 정념 중 가장 감상에 젖기 쉬운 정념은 기쁨이다. 기쁨이 특수한 적극성을 지니는 까닭이다.

감상에는 개성이 없다. 진정한 주관성이 아니기 때문이다. 그런 의미에서 감상은 대중적이다. 그러므로 대중문학은 본질상 감상적이다. 대중문학 작가가 과거의 인물을 다루게 마련인 이유 또한 그런 본질과 관련이 있을 듯하다. 그들과 순문학 작가의 차이점은 그들이 현대의 인물을 정밀하게 묘사할 수 없다는 데 있다. 이 단순한 사실에서 예술론의 중요한 문제들을 엿볼 수 있다.

감상은 대개 매너리즘에 빠져 있다.

몸의 외관이 반드시 정신 상태와 일치하는 것은 아니다. 언뜻 굉장히 건장해 보이는 사람이 심하게 감정적인 경우를 보면 알 수 있다.

여행은 사람을 감정적으로 만드는 경향이 있다. 몸을 움직여서 감상에 젖게 된 것일까. 만약 그렇다면 내가 서두에 내린 정의는 틀렸다는 결론이 나온다. 하지만 그렇지 않다. 여행길에 오를 때 금세 감상에 빠지는 이유는 일상에서 벗어나기 위해서, 아무것도 하지 않기 위해서다. 감상은 곧 나의 주말이다.

행동적인 사람은 감상적이지 않다. 사상가는 행동가처럼 사고해야 한다. 근면이 사상가의 덕목인 까닭은 그가 감상에 빠질 유혹이 많아서다.

돌고 도는 만물을 보고 감상에 젖는 이유는 사물을 인식하고 거기에 개입할 수 없는 자신을 느끼기 때문이다. 나 또한 함께 돌고 있다는 것을 알게 된다면 감상에만 그칠 수 있을까.

감상에는 늘 어느 정도 허영이 있다.

一

가
설
에

관
하
여

가설에 관하여

사상이란 무엇인가, 생활과 비교해보면 명료해진다. 생활은 사실이며 완전히 경험적이다. 그에 비해 사상에는 늘 가설적인 측면이 있다. 가설적인 측면이 없는 사상은 사상이라 부를 수 없다. 사상 특유의 순수한 힘은 가설의 힘이다. 사상은 가설이 클수록 위대해진다. 만약 사상에 가설적인 부분이 없다면 어떻게 생활과 구별할 수 있겠는가. 생각 또한 그 자체로는 우리 생활의 일부일 뿐, 별개의 것이 아니다. 그럼에도 불구하고 생활과 구별되는 점은 생각은 본질상 가설적으로 생각하는 일이기 때문이다.

생각한다는 것은 과정적이다. 과정적이면서 방법적 사고이기도 하다. 여기서 사고가 과정적인 이유는 가설적으로 생각하기 때문이다. 즉, 가설적이면서 방법적인 사고다. 회의도 방법적이려면 가설에 근거해야 한다는 사실은 데카르트가 회의론에서 본보기로 제시했다.

가설적인 생각은 논리적인 생각과 동일하지 않다. 가설은 어떤 의미에서 논리보다 근원적이며 논리는 가설에서 나온다. 논리 자체가 하나의 가설이라고 할 수도 있다. 가설에는 스스로 논리를 만들어내는 힘이 있다. 논리보다 불확실한 것에서 논리가 나오는 셈이다. 논리가 가설을 만들어낸다고 생각한다면 논리 자체가 가설적인 것이라고 봐야 한다.

확실한 모든 것은 불확실한 것에서 생겨나며 그 반대가 아니라는 점을 깊이 생각해봐야 한다. 다시 말해 확실한 것은 주어지지 않고 형성되며 가설은 그것을 형성하는 힘이다. 인식은 본뜨기가 아니라 형성이다. 정신은 예술가지 거울이 아니다.

그렇다고 사상만 가설적일까, 인생은 가설적이지 않다는 말인가. 인생도 가설적인 구석이 있다. 인생은 허무로 이어지기에 가설적이다. 사람은 제각기 가설 하나를 증명하려고 태어난다. 살아 있음을 증명하기 위해 사는 것만은 아닐 것이다―그런 증명은 필요 없다―가설 하나를 증명하기 위해 사는 셈이다. 그러므로 인생은 실험이다―가설 없는 실험은 없다―본래 실험이란 아무거나 마구잡이로

해보는 것이 아니라, 내가 증명하려고 태어난 고유의 가설을 추구하는 것이다.

만약 인생이 가설적이라면, 사상이 인생보다 가설적이라는 점에서 구별되듯이 가설적이라는 점에서 인생 자체와 구별되는 무언가가 있어야 한다.

가설은 꼭 논리적이지만은 않다. 문학적 사고에도 존재한다는 점에서 분명한 사실이다. 소설가는 오직 가설을 증명하기 위해서만 창작 활동을 한다. 인생이 가설의 증명이라는 의미도 여기에 맞닿아 있다. 이 경우 가설은 단순한 사유가 아닌, 구상력에 속한다. 가설은 일정하지 않으며 가능성이 열려 있다. 그러므로 증명하기가 곤란하다. 일정하지 않고 가능성이 열려 있다는 점은 논리적 의미가 아닌 존재론적 의미에서다. 달리 말해 인간이라는 존재는 허무가 조건이면서 동시에 허무와 혼합되어 있다는 뜻이다. 따라서 가설의 증명이 창조적 형성 과정이어야 함은 소설과 동일하다. 인생에서 실험이란 이런 형성을 가리킨다.

상식을 사상과 구별하는 가장 중요한 특징이 있다. 상식에는 가설적인 부분이 없다는 점이다.

　사상은 가설이 아니라 신념이어야 한다고 말하는 사람이 있을지도 모르겠다. 하지만 사상이 신념이어야 한다는 점에서 사상이 가설이라는 사실을 알 수 있다. 더군다나 상식에는 신앙이 필요 없다. 상식에는 가설적인 측면이 없기 때문이다. 상식은 그 자체가 이미 신앙이다. 반면 사상은 신념이 되어야 마땅하다.

　사상다운 사상에는 모두 극단적인 요소가 있다. 가설을 추구하기 때문이다. 이에 반해 상식의 큰 덕목은 중용이다. 그런데 진정한 사상을 행동으로 옮길 경우 생사의 기로에 서게 된다. 사상에 위험한 성질이 있다는 사실을 행동가는 이해하지만, 사상에 종사하는 사람은 오히려 망각하고 있다. 오직 위대한 사상가만이 행동가보다 깊이 알고 있다. 소크라테스가 담담하게 죽음을 맞이한 까닭이 아닐까.

　오해를 받는 것은 사상가의 숙명이다. 세상에 그의 사상이 가설 중 하나라는 사실을 이해하는 사람이 거의 없기 때문이다. 다만, 절반의 책임은 대개 사상가 자신에게 있다. 그 자신도 그 사상이 가설적이라는 점을 잊고 말았으니 말이다. 대부분 게으름 때문이다. 탐구가 계속되면 사상의 가설적 성질은 끊임없이 드러나게 된다.

절충주의가 사상으로서 무력한 이유는 가설의 순수함이 사라지기 때문이다. 좋건 싫건 상식에 접근하게 되는데, 상식에는 가설적인 측면이 없다.

가설이라는 사상은 아마도 근대 과학이 낳은 최대의 사상인 듯하다. 근대 과학의 실증성에 대한 오해는 그에 내포된 가설의 정신을 완전히 놓쳤거나, 올바로 파악하지 못한 데서 발생했다. 그래서 실증주의는 허무주의에 빠지게 되었다. 가설의 정신을 모르는 실증주의는 허무주의로 전락할 수밖에 없다.

위선에 관하여

위선에 관하여

"인간은 타고난 거짓말쟁이다." 라 브뤼예르[20]의 말이다. "진리는 단순하며 인간은 요란스러운 것과 치장하기를 좋아한다. 진리는 인간에 속하지 않는다. 그것은 이른바 완성된 상태에서 모든 면에서 완전성을 갖춘 채 하늘에서 내려온다. 그리고 인간은 자신의 작품, 허구와 동화만 사랑한다." 인간이 타고난 거짓말쟁이인 것은 허영이 인간 존재의 일반적 성질이기 때문이다. 인간이 요란스러운 것과 치장하기를 좋아하는 까닭이다. 허영은 실체를 들여다보면 허무다. 그래서 인간은 허구와 동화를 만들어 내고 그렇게 탄생한 자신의 작품을 사랑한다. 진리는 인간의 몫이 아니다. 이미 완성된 상태로 모든 면에서 완전성을 갖춘 채 인간과 무관하게 존재한다.

---

20) 라 브뤼예르(Jean de La Bruyère, 1645~1696). 프랑스의 모랄리스트, 작가. 주요 저서로 《성격론》 등이 있다.

허영에 빠진 사람은 천성이 위선적이다. 진리와 선善이 별개가 아니듯이 허영과 위선 또한 분리되어 있지 않다. 선이 진리와 하나임을 이해할 때 위선이 무엇인지 이해할 수 있다. 허영이 인생에 약간 도움이 될 때가 있듯이, 위선도 마찬가지라는 사실을 이해하지 못하는 사람은 위선에 대한 반감이라 속이며 스스로 허영의 포로가 되고 만다. 위선에 대립되는 위악僞惡이라는 묘한 단어가 그것이다. 위악이야말로 미덥지 못한 인간의 허영이 아닌가. 이는 위선이 곧 허영이라는 사실을 다른 측면에서 증명한다. 위악자의 특징은 감상적이라는 데 있다. 나는 여태껏 위악자라 불리는 자 가운데 감상주의자가 아닌 사람을 본 적이 없다. 위선에 반감을 품는 그의 도덕성도 감상주의 sentimentalism에 불과하다. 위악자는 그 자신이 상상하는 만큼 심오한 사람이 아니다. 그런 상상 또한 감상주의에 속한다. 만약 그가 해롭지 않은 사람이라면 일반적으로 감상적인 사람이 깊지는 않아도 해롭지 않기 때문이다.

사람이 타인과의 관계에서만 위선적이라는 것은 잘못된 생각이다. 위선은 허영이며, 허영의 실체는 허무다. 그리고 허무는 인간 존재 그 자체다. 모든 덕이 본래 자신에게 있듯이, 모든 악덕 또한 본디 자신에게 있다. 자신의 존재를 망각하고 타인과 사회만 대상으로 생각하게 되면 위선자가 탄생한다. 도덕의 사회성 따위가 역설되기 시작하면서 얼마나 많은 위선자가 등장했던가. 심지어 도덕의 사회성 따위의 이론은 현대의 특징인 위선을 옹호하고자 의도적으로 언급되는 게 아닌가 싶기도 하다.

우리 가운데 위선적이 아닌 사람이 누가 있을까. 허영은 인간 존재의 보편적 성질이다. 위선자가 무서운 이유는 위선적인 인간이라서가 아니라 의식적인 인간이기 때문이다. 단, 의식의 대상은 자신도 아니고 허무도 아닌, 타인과 사회다.

허무에 근거한 인생은 허구적이다. 인간의 도덕 또한 허구적이다. 그러므로 위선도 존재할 수 있으며, 다소나마 쓸모가 있는 것이다. 그러나 허구적인 것은 거기서 그치지 말고 실재성을 증명해야 한다. 위선자와 그렇지 않은 사람은 그것을 증명하기 위해 얼마나 열과 성의를 다하느냐에 따라 구별된다. 인생에서 증명은 곧 형성이며 형성이란 내면과 외면이 하나가 되는 것이다. 그런데 위선자는 내면과 외면이 별개다. 위선자에게는 창조가 없다.

거짓말이 존재하는 이유는 온갖 표현을 진실처럼 받아들이는 성질을 스스로 갖고 있기 때문이다. 사물은 표현된 순간 우리와 무관해진다. 표현이란 이렇듯 무시무시하다. 사랑에 빠진 사람은 말, 그리고 표현이 얼마나 무서운지 알고 몸서리칠 것이다. 오늘날의 작가는 과연 표현의 무서움을 제대로 이해하고 있을까.

타인을 끊임없이 의식하는 위선자는 대부분 아첨을 떤다. 위선이 타인을 파멸시킨다면 위선 자체보다는 그 안에 포함된 아첨 때문이다. 위선자와 그렇지 않은 사람은 아첨을 떠는지 여부에 따라 구별할 수 있다. 아첨은 그릇된 말을 전하는 것보다 훨씬 나쁘다. 후자는 타인을 부패에 이르게 하지는 않지만, 전자는 타인을 부패에 빠지게 하고 마음을 현혹하여 진리를 인식하는 능력을 앗아간다. 거짓말조차 도덕적인 면에서는 아첨보다 낫다. 거짓말의 해악도 주로 그 안에 뒤섞인 아첨 탓이다. 진리는 단순하고 올곧다. 그러나 그 이면에는 천의 얼굴이 있다. 위선이 아첨을 하려고 취하는 자세 또한 무한하다.

조금이라도 권력이 따르는 지위에 오른 사람에게 가장

필요한 덕목은 아첨하는 자와 순수한 사람을 한눈에 꿰뚫어 보는 능력이다. 하찮게 볼 일이 아니다. 이 덕목을 갖춘 사람은 다른 모든 덕을 지녔다고 인정해도 무방하다.

"잘 숨는 사람이 잘 산다."는 말에는 깊은 생활의 지혜가 담겨 있다. 숨는 것은 위선도, 위악도 아니며 오히려 자연 그대로의 모습으로 살아감을 뜻한다. 자연의 모습으로 살아가려면 숨어야 할 만큼 이 세상 자체가 허영에 차 있다는 사실을 간파하고 살아야 한다.

현대의 도덕적 퇴폐의 특징은 위선이 퇴폐의 보편적 형식이라는 데 있다. 이는 퇴폐의 새로운 형식이다. 퇴폐란 형태가 붕괴해가는 것을 뜻하지만, 위선의 경우 표면의 형태가 온전하다. 그 형태는 결코 낡지 않은, 완전한 새것이다. 게다가 형태 속에는 생명이 전혀 존재하지 않는다. 형태는 있지만 마음을 지탱해주는 것은 그 형태가 아닌 허무다. 이것이 현대 허무주의의 성격이다.

오락에 관하여

오락에 관하여

삶을 즐기는 법을 알아야 한다. 그것이 바로 '삶의 기술'이다. 이는 기술이자 덕이다. 사물 안에 있으면서도 사물에 대해 자율적이라는 점이 모든 기술의 본질이다. 삶의 기술도 마찬가지다. 삶 속에 있으면서도 삶을 초월함으로써 삶을 즐길 수 있게 된다.

오락이라는 관념은 근대적인 관념인 듯하다. 기계기술 시대의 산물이지만 이 시대의 모든 특징을 갖추고 있다. 오락이란 삶을 즐기는 법을 망각한 인간이 그것을 대신하고자 궁리한 것이다. 즉, 근대의 행복 대용품이다. 근대인은 행복에 관해서는 제대로 생각할 줄 몰라도 오락에 관해서는 생각한다.

오락을 정의하자면 한마디로 또 다른 삶의 방법이다. 여기서 문제가 되는 대목은 다른 방법이다. 본래는 종교적인 것을 의미했다. 따라서 인간에게 오락은 제사만 가능했다.

그런 관념이 사라진 순간 오락은 일하는 시간에 대비되는 노는 시간, 성실한 활동에 대비되는 향락 활동, 즉 '삶'과 별개의 것으로 간주되었다. 즐거움은 삶 속에 없고 삶과 다른 면, 즉 오락에 있다고 여기게 되었다. 삶의 일부인 오락이 삶과 반대의 개념으로 여겨졌다. 삶의 분열로 오락이라는 관념이 탄생한 셈이다. 오락을 추구하는 현대인은 많건 적건 이중적인 삶을 살며 오락을 좇는다. 이렇게 해서 근대적 삶은 비인간적으로 변했다. 삶을 고통으로만 느끼는 사람은 삶과 별개로 오락을 추구하지만, 오락 또한 비인간적일 수밖에 없다.

오락을 삶의 부속물로 여김에 따라 포기해도 괜찮은 것, 아니 포기해야 할 것으로 여기게 된다.

제사는 다른 질서, 더 높은 질서와 관련 있다. 그런데 삶과 오락은 같은 질서 속에 있는데도 대립된 개념으로 인식된다. 현대의 질서 사상의 상실이 대립적 인식의 근원이다.

다른 질서, 더 높은 질서에서 본다면 인생은 성실한 일과 도락 모두 놀이divertissement에 불과할 것이다. 파스칼의 생각은 그랬다. 생활과 오락의 대립 관계를 없애려면 다시

한 번 그 사상으로 회귀해 생각해봐야 한다. 오락이라는 관념도 형이상학에 근거해야 한다.

예를 들어보자. 자신의 전문은 오락이 아니며, 오락이란 자신의 전공 이외의 것이라고 하자. 그림은 화가에게 오락이 아니지만 회사원에게는 오락이다. 음악은 음악가에게 오락이 아니지만 타이피스트에게는 오락이다. 이렇듯 모든 문화에 대해 오락적인 접근법이 생겨났다. 현대 문화가 추락한 원인 중 하나이기도 하다.

현대 교양의 결함은 교양 자체가 오락의 형태로 추구된다는 점에서 나온다. 전문은 '삶'이고 교양은 전공과 별개의 것이며 이 또한 결국 오락으로 여기고 있다.

전문이라는 관점에서 삶과 오락이 구별되면서 오락을 전문으로 하는 사람이 등장했다. 당연히 그들에게 오락은 삶이고 더 이상 오락일 수 없다. 그 결과 순수 오락이 생성되고 마침내 오락은 삶에서 분리되고 말았다.

오락 전문가가 생겨나고 순수 오락이 생성되면서 일반인들에게 오락이란 직접 생성에 참가하는 대상이 아니라

밖에서 보고 즐기는 대상이 되었다. 그들에게 참가란 관중이나 청중 속에 있다는 뜻이다. 제사가 오락의 유일한 형식이었던 시대와 비교해보면 대중이, 또는 순수 오락 자체가, 혹은 향락이 신의 지위를 대신한다. 오늘날 오락의 대중성은 대체로 이런 모습이다.

삶과 오락은 구별되지만 동시에 하나이기도 하다. 두 가지를 추상적으로 대립된 관념으로 보기 시작하면서 오락, 그리고 삶에 대한 잘못된 관념이 생겨났다.

오락이 삶이 되고 삶이 오락이 되어야 한다. 삶과 오락이 인격적인 통합을 이루어야 한다. 삶을 즐기는 것, 즉 행복이 밑바탕에 흐르는 관념이어야 한다.

오락이 예술이 되고 삶이 예술이 되어야 한다. 삶의 기술은 삶의 예술이어야 한다.

오락은 삶 속에서 삶의 양식을 만든다. 오락은 소비와 향락에 그치지 않고 생산과 창조에 속해야 한다. 눈으로만 즐기지 말고 만들고 즐기는 것이 중요하다.

오락은 삶의 다른 방법으로 여기면 우리가 평생 쓰지 않은 기관과 능력을 활용하여 교양으로 삼을 수 있다. 이 경우 오락은 삶의 다른 방법이며 생활과 별개의 것이 아니다.

오락이라는, 삶과 별개인 추상적인 관념의 탄생이 근대 기술이 인간의 삶에 미친 영향이라면 이 기계기술을 지배하는 기술이 필요하다. 기술을 지배하는 기술이 바로 현대 문화의 근본 과제다.

오늘날 오락의 유일한 의미는 생리적인 데 있다. '건전한 오락'이라는 표어만 봐도 알 수 있다. 그래서 나는 오늘날 오락이라 불리는 것들 가운데 체조와 스포츠만큼은 믿는다. 오락은 위생이다. 단, 신체뿐 아니라 정신의 위생이어야 한다. 그리고 신체의 위생이 혈액 순환을 원활하게 하듯 정신의 위생은 관념의 순환을 원활하게 만든다. 오늘날 굳어버린 관념이 그토록 많은 사실은 오락의 의미와 방법이 제대로 이해되지 못하고 있다는 증거다.

삶을 즐기는 사람은 현실주의자여야 한다. 단, 기술의 현실주의여야 한다. 다시 말해 삶의 기술이되 그 첨단에는 항상 상상력이 있어야 한다. 온갖 사소한 부분까지 궁리하고 발명해야 한다. 또한 수단에서 그치지 말고 목적도 발명해야 한다는 점을 명심해야 한다. 기술에서 최고의 발명은 새로운 수단의 발명이면서 동시에 새로운 목적의 발명이었다. 진정으로 삶을 즐기려면 발명하는 삶, 특히 삶에 대한 새로운 의욕을 발명하는 것이 관건이다.

향락주의자epicurean란 삶의 예술을 사랑하는 사람, 즉 딜레탕트dilettante다. 삶을 진정으로 즐기는 사람은 딜레탕트와 구별되는 창조적 예술가다.

희
망
에

관
하
여

희망에 관하여

인생은 우연의 연속이다. 하지만 동시에 필연의 연속이기도 하다. 우리는 이런 인생을 운명이라 부른다. 만약 필연으로만 이루어져 있다면 운명이라고 여기지는 못할 것이다. 반대로 우연으로만 이루어져 있어도 운명이라는 생각에는 이르지 못할 듯하다. 우연이 곧 필연을, 필연이 곧 우연을 뜻하기에 인생은 운명이다.

희망은 운명과 같다. 이른바 운명이라는 부호를 거꾸로 돌린 것이다. 만약 이 세상에 필연만 있다면 희망은 존재할 수 없지 않을까. 반대로 이 세상에 우연만 있다고 해도 희망은 존재할 수 없다.

인생이 곧 운명이듯, 인생은 곧 희망이다. 운명적 존재인 인간에게 살아 있음은 희망을 품고 있다는 뜻이다.

예컨대 나의 희망은 F라는 여자와 결혼하는 것이라고 하자. 더불어 V라는 동네에 살고 P라는 지위에 오르기를 희망한다. 이런 식으로 얘기하는 것이 보통이다. 과연 이것이 희망일까. 욕망이라고 해야 하지 않을까. 목적, 혹은 기대라고 해야 맞지 않을까. 희망은 욕망, 목적, 기대와 같지 않을 텐데 말이다. 이를테면 내가 그녀와 만난 것은 운명이었다. 이 지역에 온 것은, 지금의 지위에 오른 것은 운명이었다. 이렇듯 모든 사건을 운명으로 받아들이는 이유는 나라는 존재 자체가 본래 운명이기 때문이다. 희망에 관해서도 이렇게 생각할 수 있다. 모든 것을 희망이라 여기는 이유는 인생 자체가 본래 희망이기 때문이다.

운명이기에 절망적이라고들 한다. 하지만 운명이기에 희망도 존재한다.

희망을 품으면 언젠가 실망한다, 그러므로 실망의 쓴맛을 보지 않으려면 아예 희망을 갖지 않는 편이 좋다는 말들을 한다. 하지만 사라지는 희망이란 희망이 아니라 오히려 기대와 같다. 어떤 희망이든 사라지는 경우가 많다. 그러나 희망이란 본래 결코 사라지지 않는다.

예컨대 실연이란 사랑하지 않음을 의미하는가. 만약 그 또는 그녀가 전혀 사랑하지 않는 사이라면 그 또는 그녀는 실연이 아닌, 다른 상태로 이미 넘어간 셈이다. 실망도 이렇게 생각할 수 있겠다. 또한 실제로 사랑과 희망은 밀접한 관계가 있다. 희망은 사랑으로 태어나고 사랑은 희망으로 자란다.

사랑 또한 운명이 아닌가. 운명이 필연으로서 자신의 힘을 드러낼 때 사랑은 필연에 속박되어야 마땅하다. 그런 운명에서 헤어나려면 사랑은 희망과 이어져야 한다.

희망이 생명을 형성하는 힘이 아니면 무엇이란 말인가. 우리는 살아 있는 한 희망을 품는다, 이는 살아 있음이 곧 형성하는 것을 뜻하기 때문이다. 희망은 생명을 형성하는 힘이며 우리 존재는 희망으로 완성된다. 생명을 형성하는 힘이 곧 희망인 이유는 형성이 무無에서 시작된다는 의미이기 때문이다. 운명이란 그런 무가 아닐까. 희망은 거기서 생겨나는 이데아적인 힘인 셈이다. 희망은 인간 존재의 형이상학적 본질을 드러낸다.

희망으로 사는 사람은 늘 젊다. 아니, 생명 자체가 본질적으로 젊음을 의미한다.

사랑은 나에게도 없고 상대방에게도 없다, 나와 상대방 사이에 존재한다. 사이에 있다는 말은 둘 중 한 사람 또는 둘의 관계보다 근원적이라는 뜻이다. 두 사람이 사랑하면 제3의 무언가, 다시 말해 둘 사이에서 일어난 사건이라는 자각이 이루어진다. 이 제3의 무언가는 대체로 둘 중 한 사람에게 속해 있다. 희망도 이와 비슷한 구석이 있다. 희망은 나에게서 태어나지 않으며, 온전히 나의 내면에 속해 있다. 진정한 희망은 절망에서 나온다는 말은 바로 희망이 자기에게서 생겨나는 것이 아니라는 뜻이다. 절망이란 곧 스스로를 포기하는 일이므로.

　절망 가운데 자신을 버리지 못하고 희망 가운데 자신을 가질 수 없는 상태, 이는 근대의 주관적 인간의 특징이다.

　내가 가진 것은 잃어버릴 수 없다, 이는 인격주의의 근본 논리다. 그런데 오히려 그 반대여야 한다. 나에게서 나오지 않고 타인에게 받는 것이기에 잃어버릴 수 없다. 근대 인격주의는 주관주의로 변하면서 해체될 수밖에 없었다.

　희망과 현실을 혼동하지 말라고들 한다. 분명 맞는 말이다. 그런데 희망은 불확실한 것인가. 그렇지 않다. 언제나 인생만큼의 확실성을 가진다.

모든 일이 보장된다면 희망 따위는 필요 없어진다. 하지만 인간은 늘 그렇게 확실한 것만 추구하는가. 무슨 일이 선 확실히 보장되기를 바라는 인간—전쟁에 대한 보험마저 만든다—조차 도박에 빠진다. 달리 말하면 사람은 개발된 우연, 억지로 만들어진 운명에 애를 태우곤 한다. 공포나 불안으로 희망을 자극하는 셈이다.

희망의 확실성은 상상의 확실성과 성질이 같다. 생성 논리는 고형체의 논리와 다르다.

희망이 무한정한 것처럼 느껴지는 이유는 그 자체가 한정하는 힘이기 때문이다.

스피노자의 말처럼 모든 한정은 부정不定, 즉 일정하지 않다. 진정으로 포기를 아는 자만이 진정으로 희망할 수 있다. 뭐든 포기를 모르는 자는 진정한 희망도 품을 수 없다.

형성은 곧 포기라는 것이 괴테가 도달한 형이상학적인 심오한 지혜다. 이는 비단 예술 제작에만 해당되지 않는다. 그야말로 인생의 지혜다.

여행에

관하여

여행에 관하여

사람은 다양한 이유로 여행을 떠난다. 사업차 떠나는 사람도 있고 시찰이나 휴양을 위해, 또는 불행한 일을 겪은 친척을 위로하러, 친구의 결혼을 축하하러 가기도 한다. 인생이 그렇듯 여행도 각양각색이다. 하지만 어떤 이유로 여행길에 오르던 간에 모든 여행에는 여행 특유의 공통된 감정이 있다. 1박짜리 여행이건 1년짜리 여행이건 비슷한 감회가 있다. 짧건 길건 모든 인생에는 인생 특유의 공통된 감정이 있듯이 말이다.

여행길은 일상의 환경에서 벗어나는 일이자 평생의 습관적 관계에서 달아나는 일이다. 이처럼 여행의 기쁨은 곧 해방의 기쁨이다. 해방되고 싶은 마음에서 떠나는 여행이 아닐지라도 여행길에 오르면 누구나 해방감에 들뜨기 마련이다. 인생에서 탈출하려고 여행길에 오르는 사람도 있다. 하지만 탈출을 위한 여행이 아닐지라도 여행길에 오르면 누구나 탈출한 듯한 기분을 느낀다. 여행 장소로는 대부분 자연을 선호하는데, 인간의 생활이면서 동시에 원시

적, 자연적 생활이라는 점과도 관련이 있지 않을까. 여행,
하면 떠오르는 해방 또는 탈출의 감정에는 늘 또 다른 감
정이 따라온다. 즉, 여행은 모든 사람에게 많건 적건 방랑
의 감정을 품게 한다. 해방도 방랑이며 탈출도 방랑이다.
여기에 여행의 감상적 측면이 있다.

  방랑의 감정은 움직이는 것이며 여행은 이동으로 시작
된다. 분명 움직이는 감정이다. 그런데 우리는 차에 올라
탈 때보다 숙소에 들어설 때 여행이 방랑임을 절감한다.
방랑의 감정은 움직이기만 하는 것이 아니다. 여행은 일상
의 습관적인, 따라서 안정된 관계에서 달아나는 것이며 그
에 따른 불안 때문에 방랑의 감정이 솟아나는 것이다. 여
행에는 왠지 모를 불안함이 있다. 또한 방랑의 감정은 멀
다는 느낌이 없이는 생각할 수 없다. 그리고 여행이라면
어떤 여행이건 먼 거리로 느껴진다. 여기서 먼 거리란 몇
킬로미터 등의 측정 가능한 거리가 아니다. 매일 원거리에
서 기차로 통근하는 사람조차 느낄 수 없는 거리감이다.
그런데 그보다 가까운 곳으로 단 하루라도 여행을 떠나면
그 거리감을 맛보게 된다. 여행으로 거리감은 아득해지고
이 아득함이 여행을 여행답게 만든다. 그러므로 우리는 여

행길에 나설 때마다 많건 적건 낭만에 젖는다. 낭만적 심정이란 다름 아닌 거리에 관한 감정이다. 이와 같이 여행의 즐거움은 상상력의 산물이다. 여행이란 인생의 유토피아라 할 만하다. 하지만 여행이 그저 아득하기만 한 것은 아니다. 여행은 분주하다. 가방 하나만 들고 떠나는 가벼운 여행일지라도 여행 특유의 분주함이 있다. 기차로 떠나는 여행도, 걸어서 떠나는 여행에도 특유의 분주함이 있다. 여행은 언제나 멀고 분주하다. 그래서 더더욱 방랑의 감정이 솟아난다. 방랑의 감정은 거리의 감정뿐만이 아니다. 거리도 먼 데다 분주한 특성 때문에 우리가 방랑이라고 느끼는 것이다. 먼 곳임이 분명한데 어째서 분주해지는 것일까. 어쩌면 원거리가 아니라 근거리일지도 모른다. 아니, 여행은 언제나 멀기도 가깝기도 하다. 이는 여행이 과정이라는 뜻이기도 하다. 여행은 과정이기 때문에 방랑이다. 목적지 도착만 중시하고 중간 과정을 즐기지 못하는 이는 여행의 진정한 즐거움을 모르는 사람이다. 일상생활에서 우리는 언제나 주로 도착점을, 결과만을 중요시하는데, 이것이야말로 행동 또는 실천의 본성이다. 반면 여행의 본질은 직시하는 것, 즉 관상觀想에 있다. 여행에서 우리는 늘 바라보는 사람이다. 평소의 실천하는 삶에서 탈피해 순수하게 바라보게 되는 것이 여행의 특색이다. 인생에서 여행이 지니는 의미도 그런 관점에서 생각하면 된다.

여행에서 먼 거리감이 느껴지는 이유는 무엇일까. 미지의 무언가로 향하는 것이기 때문이다. 일상에서도 모르는 길을 처음 걸어갈 때면 실제보다 멀게 느껴지곤 한다. 세상 모든 일을 잘 알고 있다면 출퇴근하는 일상은 있을지언정 본질상 여행이라 부를 만한 것은 없지 않을까. 여행은 미지에 대한 끌림이다. 그러므로 여행에는 방랑의 감정이 따른다. 여행에 관해서는 모든 일이 기지既知일 수는 없다. 도착점이나 결과가 아닌, 과정이 중요하기 때문이다. 과정에 주목하는 사람은 새로운 것, 뜻밖의 일과 조우하게 마련이다. 여행은 관습으로 정착된 생활형식에서의 탈출을 뜻한다. 그래서 우리는 어느 정도 새로운 시각으로 사물을 바라보고 거기서 새로움을 발견하게 된다. 평소 낯익게 느껴지던 것도 여행길에서는 새롭게 다가오는 법이다. 여행의 유익은 한 번도 본 적 없는 사물을 처음 보는 데 있지 않다―완전히 새로운 것이 과연 이 세상에 존재할까―오히려 자명한 것, 이미 안다고 여기던 것을 경이에 찬 눈으로 다시 보게 되는 데 있다. 우리 일상생활은 행동적이며,

도착점이나 결과에만 관심을 기울인다. 그 외 중간 단계, 즉 과정은 이미 아는 일로 전제한다. 매일 습관적으로 출퇴근하는 사람은 그날 집을 나서서 사무실로 가는 사이에 무엇을 하고 무엇과 마주쳤는지 기억하지 못할 것이다. 그런데 여행에서는 온전히 관상적일 수 있다. 여행하는 이는 행하는 자가 아니라 바라보는 사람이다. 이렇듯 온전히 바라보면 평소 이미 알고 있다고, 자명하다고 전제한 것에서도 새삼 경이로움 또는 호기심을 느낀다. 여행이 경험이자 교육인 까닭이다.

인생은 여행이라는 말이 있다. 바쇼[21]의 오쿠노호소미치[22]에 등장하는 유명한 구절을 인용하지 않더라도 누구나 한두 번쯤 절실히 느껴봤음 직하다. 인생에 대해 우리가 품는 감정은 여행에 대해 갖는 감정과 통하는 면이 있다. 왜일까.

---

21) 마쓰오 바쇼(松尾芭蕉, 1644~1694). 일본 에도 시대 하이카이(하이쿠란 하이카이의 첫 구절을 뜻하는 홋쿠(發句)에서 유래함) 작가.

22) 오쿠노호소미치(奥の細道). 깊은 오솔길이라는 뜻으로 1694년 바쇼의 하이카이 기행문을 엮은 작품.

어디에서 나서 어디로 가는가, 이는 인생의 근본 문제다. 우리는 어디에서 왔는가, 그리고 어디로 가는가. 이것이야말로 인생의 근본적 수수께끼다. 이 사실이 변치 않는 한 인생은 우리에게 여행처럼 느껴질 수밖에 없다. 대체 인생에서 우리는 어디로 향하는가. 아무도 알지 못한다. 인생은 미지를 향한 방랑이다. 우리가 도달하는 곳은 죽음이라고도 할 수 있다. 그런데 죽음이 무엇인가에 대해서는 명료하게 답할 수 있는 사람이 없다. 어디로 가는가에 대한 물음을 던지면 반대로 어디에서 왔는가에 대한 물음이 되돌아올 것이다. 과거에 대한 염려는 미래에 대한 염려에서 나온다. 방랑의 여행에는 늘 아련한 노스탤지어가 있다. 인생은 멀다, 게다가 분주하다. 인생이라는 길은 멀기도 하고 가깝기도 하다. 죽음은 시시각각 우리 곁으로 다가온다. 그런 인생인데도 인간은 꿈꾸기를 멈추지 않는다. 우리는 우리의 상상으로 인생을 살아간다. 사람은 누구나 유토피아적utopian이다. 여행은 인생의 모습이다. 여행으로 우리는 일상에서 벗어나 온전히 관상하는 자세로 평소에는 자명한 것, 이미 알고 있다고 전제한 인생에 대해 새로운 감정을 품게 된다. 여행으로 우리는 인생을 맛볼 수 있다. 앞에서 먼 거리감과 가까운 거리감, 움직이는 감정 모두 객관적인 거리나 움직임과는 무관하다고 설명했다. 여행을 통해 우리는 늘 자신과 마주한다. 자연 속으로 떠나는 여행에서조차 우리는 끊임없이 자신과 조우한다. 여행은 인생과 별개가 아니며 오히려 인생 자체의 모습이다.

  앞에서 언급했듯이 사람은 종종 해방되고 싶은 마음에 여행을 떠난다. 여행은 분명 해방시켜줄 것이다. 하지만 여행을 통해 진정한 자유를 얻을 수 있다는 생각은 오산이다. 해방이란 무언가로부터 자유로워짐을 뜻하는데, 이런 자유는 소극적인 자유에 불과하다. 여행길에 나서면 누구나 충동에 이끌리고 변덕스러워지기 십상이다. 타인의 충동을 이용하려는 자가 있다면 그 사람을 여행에 데려가는 것이 쉬운 해결법이다. 여행은 사람을 어느 정도 모험적으로 만들기 마련인데, 모험도 충동이자 변덕에 속한다. 충동의 밑바탕에는 여행에 따르는 방랑의 감정이 존재한다. 변덕 또한 참된 자유가 아니다. 변덕과 충동으로만 행동하는 자는 여행길에서 진정한 경험을 할 수가 없다. 여행으로 우리의 호기심은 활발해진다. 단, 호기심은 진정한 연구심, 지식욕과 상이하다. 호기심은 변덕이며, 한 장소에 머물지 않고 끝없이 다른 자리로 옮겨간다. 한 곳에 머무른 채 한 사물 안에 깊게 들어가지 않고 어떻게 사물을 제대로 알 수 있단 말인가. 호기심의 밑바탕에 있는 것도 정처 없이 떠도는 방랑의 감정이다. 또한 여행으로 사람은 감상적이 된다. 하지만 감상에 젖어 있기만 해서는 무언가를 깊이 인식하거나 독자적인 감정을 가질 수가 없다. 참된 자유는 사물에 대한 자유다. 그것은 움직이기만 하지는 않는다, 움직이며 멈추고 멈추며 움직인다. 한마디로 동즉정動即靜, 정즉동靜即動이다. 인간도처유청산[23]이라 했다. 감상적인 경향이 있는 말이지만 의미를 깊이 깨닫는다면 진정으로 여행을 즐길 수 있다. 진정 여행을 즐길 수 있는 자는 참된 자유인이다. 여행을 통해 지혜로운 사람은 더욱더 지혜로워지며, 어리석은 사람은 더욱더 어리석어진다. 평소 가까이 지내는 사람이 어떤 사람인지는 여행을 함께 해보면 알 수 있다. 사람은 저마다 자기다운 여행을 한다. 여행에서 진정 자유로운 사람은 인생에서도 진정 자유롭다. 인생 그 자체가 곧 여행이기 때문이다.

---

23) 인간도처유청산(人間到處有靑山). 사람이 이르는 곳 어디에나 푸른 산이 있다는 뜻.

一 개성에 관하여

개성에 관하여

개성이라는 심오한 전당에 이르는 길은 테바이[24] 성문만큼 많다. 나의 모든 삶은 내 신앙의 산 고백이며 각 행동은 내 종교의 무언의 전도다. 내 마음속을 오가는 온갖 상념은 내 중심에 모신 대상을 내가 직접 인식할 수 있도록 생성되고 발전하고 소멸한다. 그러므로 유한함을 통해 무한함을 포착할 줄 아는 사람은 내 단 하나의 생각과 감정, 행동만 봐도 내가 참된 신의 신자인지, 바알[25]의 제사장인지 꿰뚫어 본다. 하지만 수많은 길은 그 의미를 파악하지 못하는 사람에게는 그저 미로일 뿐이다.

나는 내 안에 무수한 심상이 끝없이 오감을 의식한다.

---

24) 테바이(Thebai). 통칭 테베(영, Thebes). 그리스 중부의 옛 도시. 오이디푸스, 디오니소스 등 그리스 신화의 주요 무대다. 신화에 따르면 테바이에는 일곱 개의 문이 있었다고 한다.

25) 바알(Ba'al). 기원전 3천년기~기원전 1천년기 시리아 팔레스타인의 신. 소유자를 뜻하며 대지의 비옥함과 생물의 번식을 주재했다. 구약성서에 따르면 유일신을 섬기는 기독교에서는 바알을 우상으로 여겨 타파하고자 했다.

나라는 존재는 나의 뇌리에 떠오르는 표상과 감정, 의욕의 totum discretum[26]인가. 동시에 '관념의 집합체'이기도 할까. 나는 모든 활동이 내 안에서만 일어난다는 사실을 알고 있다. 나라는 존재는 무수한 심상이 나타났다가 사라지며 온갖 비극과 희극이 펼쳐지는 무대인가. 동시에 모든 것이 속으로 들어가기는 해도 아무것도 나오지는 않는 '사자 굴'이기도 할까. 하지만 나는 내 정신 과정의 생성과 소멸, 생산과 쇠망이 모두 나에게 기인함을 알고 있다.

만약 나라는 존재가 나의 온갖 움직임과 변화가 펼쳐지는 배경이라면 참으로 기괴하고 섬뜩한 Unding[27]일 것이다. 나는 그에 어떠한 내용도 지시할 수 없다. 내가 그에 관해 표상하는 성질은 이 배경이 있기에 가능한 것이지 배경 자체가 아니기 때문이다. 따라서 개성을 포기해야 한다. 결국 나는 나라는 존재를 어떤 사물도 아니고 어떤 사물에서 생겨난 무언가가 아닌, 추상적 실체로만 생각할 수 있다. 그래서 나는 허무론 앞에 잠시 멈춰 선다. 나로 인해

---

26) totum discretum. 라틴어로 개별의 총합이라는 의미.
27) Unding. 독일어. 불합리(무의미)한 것. 난센스라는 뜻.

결코 체험될 일이 없는 이 악마적인 Unding은 내가 경험하는 빛과 울림이 있는 온갖 기쁨과 슬픔을 모두 핥아 먹어치우고 만다. 하지만 나는 거기서 벗어나 일곱 빛깔이 교차하는 아름다운 세계로 되돌아갈 방도를 모른다.

나 또한 '만 가지 마음을 지닌 사람'이다. 내면에서 끊임없이 싸우고 다투고 갈등하고 모순되는 마음들을 수없이 발견한다. 하지만 서로 사랑하고 돌보면서도 실제로는 종종 반목하고 다투는 수많은 마음의 aggregatum per accidens[28]는 아니다. 그렇다고 이 심상들이 심리학적 법칙에 따라 결합된 것은 아닐 것이다. 내가 '관념의 집합체'에 불과하다면 심리학자가 나를 이해하고자 설명하는 것은 정당하다. 그들은 내면의 정신 현상을 일정한 범주와 법칙으로 분류하고 종합하며 내 기억이 시각형인지 청각형인지, 내 성격이 다혈질인지 담즙질[29]인지 등을 결정한다. 그런데 추상적인 개념과 언어는 모든 사물에서 개성을 빼앗고 검은 덩어리로 균일화한다. 예컨대 피터와 폴을 똑

---

28) aggregatum per accidens. 라틴어. 우연한 집합체라는 의미다.

29) 담즙질. 히포크라테스가 정의한 4대 기질 중 하나. 쾌활하고 낙천적, 사교적이고 변덕이 심한 다혈질에 비해 격정적이며 화를 잘 내고 공격적인 기질.

같은 사람으로 만드는 나쁜 민주주의를 실천하는 셈이다. 나라는 존재는 보편적 유형이나 법칙의 표본, 아니면 전달 도구인가. 그렇다면 이렇게 말하고 싶다. "나는 법칙이 아닌, 예외를 위해 창조된 한 인간이다." 일곱 하늘[30]은 측량할 수 있어도 우리 영혼의 궤도는 아무도 측정할 수 없다. 내 개성에 대한 설명과 정의가 많아질수록 개성의 가치가 떨어지는 듯한 느낌이다.

나는 개성이 무한하다고 배웠으며 나 또한 그렇다고 믿는다. 개성은 지구의 중심처럼 유일무이한 것이 아니다. 1호, 2호 따위로 분류되는 객관적 개별성 또는 고유한 독자성이 있는 것도 아니다. 사실 개성은 무한한 존재다. 내가 무한한 존재라는 말은 내 마음에 무수한 표상과 감정, 의욕이 끝없이 교차한다는 뜻일까. 내가 그런 정신 과정의 우연한 결합 또는 외면의 결합에 지나지 않는다면 나는 현상으로만 존재할 수 있다. 나에게 그 이상의 의미가 없다

---

30) 일곱 개의 천국(Seven heavens). 일반적으로 아브라함 계열 종교(유대교, 기독교와 천주교, 이슬람교)에서 믿는 천국의 7개 계층. 사후 세계라기보다는 신과 천사가 머무는 곳이라는 뜻에 가깝다. 천체, 즉 태양계의 별(항성과 행성, 위성)에 의미를 부여하여 만들었으며 요일이 7일인 것과도 관련이 있다.

면 영겁의 시간의 흐름 가운데 한 점으로 떠오르는 물거품 같은 나의 생은 그 속에 간직된 것이 아무리 많다고 한들 언젠가는 순식간에 사라지고 말 운명이 아닌가. 태양의 변화를 인식할 틈조차 허락하지 않는 시간의 흐름은 나의 머릿속에 떠오르는 무한한 심상을 송두리째 없애버릴 것이다. 그러므로 내가 진정 무한한 존재여야 한다면 내 안에 시간으로 인해 생성되지도 소멸되지도 않는 무언가가 존재해야 한다.

그러나 시간을 떠나서 개별화의 원리를 생각할 수 있을까. 개념이란 단 한 번 이루어지는, 반복되지 않는 것이 아닐까. 하지만 시간 순서로만 구별되는, 잇따라 울리는 메트로놈의 소리 하나하나를 개성이라 보기는 어렵다.

시간은 개성이 지닌 유일성의 외면적 징표일 뿐이다. 개성은 본질상 개성 자체의 움직임으로 구별되어야 한다. 개성의 유일성은 독립된 존재로서 '다른 무언가가 드나들 창문이 없고' 자율적인 내면의 발전으로 실현된다. 또한 스스로 활동하는 성질을 지녀 스스로 구별되는 존재로서 유일성을 주장할 수 있다. 세상의 전 과정에서 내가 언제 태어나는가는 우연이 아니다. 흡사 음악에서 한 음이 나오는 순간이 우연이 아니듯 말이다. 이는 개성이 지닌 내면적 의미, 즉 나 자신과의 관계에 따라 결정된다. 나는 음악을 시간의 형식으로 이해하지 않는다. 음악에서 진정한 시간 자체를 경험한다. '자연을 이해하려면 자연처럼 묵묵하게 이해해야 한다'는 말이 있다. 이처럼 개성을 이해하려면 시간의 흐름이 술렁이는 소리를 넘어서야 한다. 막힘없이 나오는 소리를 붙잡아 목을 비틀어야 한다. 하지만 시간의 흐름에서 빠져나오는 것은 시간이 얼마나 지났는지 짐작할 수 없는 아득한 미래가 아니라, 시간의 흐름 속에 온전히 자신을 맡기고 진정으로 시간 자체가 되었을 때다. 시간을 단순히 인식하는 형식에서 벗어나 계속해서 자유에 몸을 내맡길 때다. 가만히 바라보기만 해서는 개성을 이해하지 못한다. 활동에 나섬으로써 내가 무엇인지를 이해할 수 있다.

균일한 상태로 나란히 흘러 내려가는 검은 장막과 흡사한 시간의 속박과 범주에서 벗어날 때 나는 무한성을 얻을 수 있지 않을까. 스스로 활동하는 것은 무한하기 때문이다. 부분들이 무수히 모여 합성되었다고 무한해지는 것은 아니다. 무한한 것에서 부분은 늘 한정된 전체를 표현한다. 그리고 내 모든 영혼을 내던져 활동할 때 모든 행위에서 내 개성 전체가 현실적으로 표현된다. 무한한 것은 하나의 목적 또는 계획 아래 통일되었으며 각 발전 단계에는 필연적으로 다음 단계로 넘어갈 계기가 포함된다. 지혜의 기교에서 벗어나 순수한 학문적 사색에 잠길 때, 감정의 방탕에서 떠나 순수한 예술적 제작에 헌신할 때, 욕망의 타산을 물리치고 순수한 도덕적 행위를 할 때 나는 무한함을 경험한다. 사유는 불가능하고 경험만 가능한 무한함은 늘 가치로 충만하다, 즉 영원하다. 의식하든 못하든 규범 의식이 한 과정에서 다음 과정으로 넘어가도록 이끄는, 끝없는 창조 활동이다. 여기서 필연성은 인과율의 필연성과 다르다. 시간을 초월한, 창조적인 내면의 필연성이다.

고백하건데 내가 무한함을 경험하는 일, 즉 진정으로 순수해지는 일은 극히 드물다. "인간은 그것을 이성이라 부르며 동물보다 더 동물답게 사는 데 써먹는다." 이 메피스토[31]의 조롱처럼 나도 이성을 그런 식으로 사용하는 경우

---

31) 메피스토(Mephisto), 메피스토펠레스(Mephistopheles)라고도 한다. 독일의 파우스트 전설과 이 전설을 소재로 한 작품에 등장하는 악마. 전설에서는 파우

가 대부분이다. 내 감정은 대개 생산적, 창조적이기를 거부하고 나태와 태만에 빠져 아첨과 속임수로 가득 찬 도락을 꾀한다. 나의 의지는 꽤 자주 이기적인 타산으로 엮은 그물 속으로 끌려 들어가곤 한다.

그래서 나는 개성이 요람과 함께 나에게 주어진 선물이 아니라 내가 싸워서 얻어내야 할 이념이라는 사실을 알았다. 또한 이 가늠하기 어려운 보물은 외면에서 찾을 수 없으며, 나의 근원으로 돌아가 찾아야 한다는 사실도 알았다. 여기서 찾는다는 말은 있는 그대로의 자신을 고집하면서 다른 무언가를 거기에 더한다는 뜻이 아니다. 우리는 자신을 죽일 때 비로소 자신을 찾을 수 있다. '내가 산 것이 아니요, 오직 내 안에 그리스도께서 사시는 것'(갈라디아서 2장 20절)이라고 한 위대한 종교가의 말도 그가 그리스도가 되었다는 것이 아니라 그가 진정한 자신을 찾았다는 뜻이다. 내 개성은 갱생을 통해서만 내면에 태어날 수 있다.

스트가 악마와 계약을 맺어 환락에 빠지는데, 괴테의 《파우스트》에서는 파우스트를 유혹하여 파멸시키려 하나 도리어 주인공을 구제하게 된다.

개성의 무한함에 관해 한 철학자는 이렇게 설명했다. 개성은 살아 있는 우주의 거울이며, 하나이자 전부인 존재다. 마치 직선이 한데 모여 생긴, 무한한 모서리가 만나는 단 하나의 중심 같다. 모든 개별적 실체는 온 우주를 향한 신의 결단이며, 하나의 개성은 전 세계의 의미를 유일한 방법으로 현실화하여 표현하는 소우주Mikrokosmos다. 개성은 내 안에서 다른 사물과 무한한 관계를 포함하면서 동시에 전 우주에서 둘도 없는 위치에 있다는 점에서 개성일 수 있다. 그렇다면 내가 온 우주와 무한한 관계를 맺는 방법은 무엇인가. 이 세상에 태어난, 또는 태어나고 있거나 태어날 무수한 사람 중 시공과 인과에 얽매인 것처럼 보이는 인간은 실로 적지 않은가. 극히 소수라도 이들 모두와 끊임없이 소통해야 한다면 나는 인간을 혐오하게 될 것이다. 나는 오히려 고독을 추구한다. 사람은 번화한 거리를 피해 어둑한 내 방에 돌아갔을 때 고독을 느끼지 않는다. 오히려 '별을 바라볼 때 가장 고독하다.' 영원한 것을 직시하며 자신을 잃는 순간 아름다운 절대 고독에 빠질 수 있다.

　그렇다면 철학자의 가르침처럼 신의 예정 조화[32] 때문에 다른 존재와 무한한 관계를 맺은 것일까. 나는 신의 뜻이라는 제약에 묶여 전 세계와 불변의 규칙에 따라 관계를 맺은 것일까. 그렇다면 나는 하나의 필연에 기계적으로 따르고 있는 셈이며, 내 가치는 내가 아니라 나를 초월한 보편적 존재에 의존한다는 말인가. 나는 차라리 자유를 추구하겠다. 내가 진정 자유로워지는 순간은 지혜의 모략과 감정의 유희, 욕망의 타산을 버리고 순수하게 창조적이 되었을 때다. 고독과 창조 속에 깊이 잠겼을 때 시인이 "Voll milden Ernsts, in thatenreicher Stille."[33]라고 노래한 시간에 우주와 무한한 관계를 맺고 모든 영혼과 아름다운 조화를 이루며 포용하지 않을까. 그 속에서 어떤 무한한 존재도 주어지지 않는 시간의 세계를 초월해 우주 창조의 중심에 내 중심을 둔 상태이기 때문이다. 나는 자유로운 존재, 즉 오직 문화인으로서 사회에서 활동하건 하지

---

32) 예정 조화(Prästabilierte Harmonie, 영 Preestablished Harmony). 독일의 철학자 라이프니츠의 대표 사상 중 하나. 세계는 무수한 단자로 이루어져 있고 저마다 독립적이고 서로 아무 인과관계도 없다. 그런데 신이 모든 단자가 예정된 조화가 이루어지도록 창조하고 배치했기 때문에 우주에 질서가 형성되었다는 개념.

33) Voll milden Ernsts, in thatenreicher Stille. 프리드리히 실러의 시의 한 구절. '그 풍부한 침묵 속에 온화한 열정으로 가득 차 있다'는 뜻.

않건 온 우주와 무한한 관계가 시작된다. 이렇게 해서 나는 개성의 유일성이 어디에서 비롯되었는지 알게 된다. 바로 자연 전체에서 차지하는 위치가 유일하기 때문이 아니라, 문화 전체에서 개성에 부여된 임무가 본질적으로 유일하기 때문이다.

개성을 이해하려면 무한한 마음을 알아야 한다. 무한한 마음을 알려면 사랑의 마음을 알아야 한다. 사랑이란 곧 창조이며, 창조란 그 대상에서 자기를 발견하는 것이다. 사랑에 빠진 사람은 자신에 대해서는 자기를 부정하고 대상에 대해서는 자기를 살린다. '하나이자 전체인 신은 그 스스로에게도 비밀이었다. 그러므로 신은 자신을 보기 위해 창조할 수밖에 없었다.' 신의 창조는 신의 사랑이다. 창조를 통해 신은 자기를 발견한 셈이다. 사람은 사랑에 빠져 순수한 창조적 활동에 몰두할 때 독자적인 존재인 자신, 즉 자기 개성을 발견한다. 하지만 사랑하고 싶은 자는 늘 사랑을 할 수 없어 탄식하고, 창조하려는 자는 끊임없이 창조의 고뇌를 겪어야 한다. 순수하게 살아가려고 할수록 이기적인 구상과 감상적 장난, 교활한 기교가 더 많은 유혹과 강요로 방해한다는 사실을 뼈저리게 느낀다. 결국

에는 "죄인 중에 내가 괴수다."(디모데전서 1장 15절)라고 외치게 된다. 악과 오류로 괴로워하며 피 흘릴 때, 참회와 기도로 눈물을 흘릴 때 비로소 우리는 자신을 알 수 있다. 태만과 아집과 오만만큼 자기 본질의 이해를 가로막는 것은 없다.

자기를 알면 타인을 이해하게 된다. 우리 영혼이 스스로 도달한 곳이 높을수록 우리 주변에서 많은 개성을 찾을 수 있다. 자기를 발견하지 못한 사람에게는 세상이 잿빛으로만 보인다. 눈 한 번 깜빡이지 않고 자기 영혼을 계속 응시할 줄 아는 사람에게는 세상이 온통 형형색색으로 아름답게 빛나 보인다. 뛰어난 화가가 암스테르담의 유태인 거리에서도 늘 회화적인 아름다움과 고귀한 위엄을 발견하고 그곳에 그리스인이 살지 않는다는 사실 때문에 슬퍼하지 않았듯이, 자기 개성을 확실히 이해한 사람은 가장 평범한 사람들을 봐도 각자의 개성을 발견할 수 있다. 그러므로 개성은 주어지는 것이 아니라 획득해야 하는 것임을 알 수 있다. 나는 오직 사랑을 통해서만 타인의 개성을 이해할 수 있다. 가려서 선택하려는 이성을 버리고 모든 것을 감싸 안는 정을 통해 깨닫는다. 즉석에서 받은 인상과 변덕스러운 직관이 아니라, 인내심 강한 사랑과 융통성 있는 통찰로 파악하는 것이다―"네 마음을 다하고 목숨을 다하고 뜻을 다하여 주 너의 하나님을 사랑하라 하셨으니 이것이 크고 첫째 되는 계명이요, 둘째도 그와 같으니 네 이웃을 네 자신 같이 사랑하라 하셨으니 이 두 계명이 온 율법과 선지자의 강령이니라."(마태복음 22장 37~40절)

저자 후기

이 책은 성격상 서문이 필요 없다. 그저 펴낸 경위에 대해 간략한 후기를 쓰는 것으로 대신하고자 한다. 책의 내용 중 '여행에 관하여' 한 편만 빼고 모두 1938년 6월부터 〈문학계〉에 실린 글이다. 물론 이렇게 마무리할 성격의 글은 아니다. 출판사의 요청으로 지금까지 기고한 글을 한 권으로 엮은 것에 불과하다. 먼저 이 책을 세상에 나오게 해준 〈문학계〉의 전, 현 편집자인 시키바 슌조式場俊三 님과 우치다 가쓰미内田克己 님, 쇼노 세이치庄野誠一 님 세 분에게 감사를 표하고 싶다. 한 권의 책이 완성되는 데 편집자의 노력이 얼마나 크며, 저자와 편집자의 공동 제작으로 이루어진다는 사실을 대부분의 독자들은 잘 모를 것이다. 편집자의 일이 문화적으로 어떤 의미가 있는지가 더 세상에 알려지고 그에 걸맞게 존경을 받아야 마땅하다고 생각한다.

부록 '개성에 관하여'(1920년 5월)는 대학 졸업 직전 〈철학연구〉에 실린 글로 내가 세상에 내놓은 첫 작품이다. 20년 전에 쓴 유치한 소론을 추억 삼아 수록했는데 이 책의 성격상 허락될지 모르겠다.

1941년 6월 2일
미키 기요시

20세기를 대표하는 양심적인 사상가

미키 기요시

지난 2017년 4월, NHK의 TV 프로그램 '100분으로 명저'는 일본 최고의 철학자 미키 기요시가 쓴 《행복을 무기로 싸우는 사람은 쓰러져도 여전히 행복하다(원서명−인생론 노트)》를 이달의 책으로 선정했다. '100분으로 명저'는 동서양의 명저들을 선정, 한 달간 100분의 시간을 할애해 명사가 책을 소개하는 교육채널의 권위 있는 프로그램이다. 우리에게 《미움받을 용기》의 저자로 잘 알려진 기시미 이치로가 이 책의 해설을 맡았다. 이 프로그램은 이미 《논어》,《삼국지》를 비롯한 동양의 고전들과 《죄와 벌》,《어린

왕자》와 같은 서양의 많은 책들을 명저로 소개한 바 있다.

문학소년, 철학을 꿈꾸다

미키 기요시는 1897년 1월 5일 일본 관서지방 효고현의 농촌 마을에서 태어났다. 농사와 쌀 중개업을 겸한 상당한 자산가 집안이었다. 하지만 미키 기요시의 어린 시절은 교과서 외에는 책이라는 것을 접할 수 없는 환경이었다. 이런 미키 기요시가 독서에 눈뜨기 시작한 것은 중학교 3학년 무렵 국어교사의 영향을 받으면서부터였다. 그리고 중학교를 졸업할 무렵에는 습작을 시도할 만큼 대단한 문학소년이 되어 있었다. 하지만 이때쯤 그는 하나의 전환점을 맞게 된다. 그의 회고에 따르면 그는 '세기말적인 회의와 퇴폐'에서 벗어나 '건강한 것, 자유로운 것, 생명적인 것'을 찾게 되었다고 한다. 문학소년이었던 미키 기요시가 이로써 철학에 눈을 뜨게 된 것이다.

평생의 스승 니시다 기타로와의 만남

미키 기요시가 중학교를 졸업하고 동경 제일고등학교에 입학한 1914년경은 일본이 전쟁 특수로 번영을 누리던 시기였다. 그 무렵 끊임없이 독서를 이어가던 미키 기요시는 니시다 기타로의 《선의 연구》를 만난다. 《선의 연구》는 이 시기 방황하던 일본 젊은이들에게 절대적인 영향을 주었는데, 미키 기요시도 이 책을 통해 '전인격적인 만족'을 얻었다고 고백한다. 그는 동경제국대학으로의 진학을 포기하고 니시다 기타로가 교수로 있는 교토제국대학 철학과에 진학한다. 교토에서 그는 니시다 기타로의 총애를 받으며 여러 뛰어난 교수들을 만나 당시 일본 철학계를 풍미하던 신칸트학파 철학 공부에 몰두하게 된다. 종교 철학자 하타노 세이치는 니시다 기타로와 함께 미키 기요시의 철학 공부에 많은 영향을 준 또 한 명의 철학 스승이다. 미키 기요시는 그로부터 역사 연구의 중요성을 배우고 서양철학 연구를 위한 그리스 철학과 기독교 연구의 필요성을 깨닫는다.

하이데거와 리케르트의 가르침을 받다

1922년 교토대 개교 이래 최고의 수제라는 평가를 받으며 미키 기요시는 독일 유학길에 오른다. 그곳에서 그는 하이데거와 리케르트의 가르침을 받으며 평생의 철학적 연구 주제인 실존철학에 사로잡힌다. 또한 1924년 프랑스로 떠난 그는 파스칼의 《팡세》를 읽고 크게 감명을 받아 귀국 후 《파스칼에 있어서의 인간의 연구》를 발표하며 일본 철학계에 충격을 안겨준다.

마르크시즘에 기울다

도쿄 호세이대학 교수로 부임한 이후 미키 기요시는 마르크시즘에 기운다. 그는 마르크스 사상이 인간학에 바탕을 두었다는 것을 구조론적으로 밝힌 〈인간학의 마르크스주의적 형태〉 등의 논문을 발표하며 마르크스의 사회주의 보급에 앞장선다. 하지만 자유주의와 사회주의를 통합하려는 시도를 했다는 이유로 일본 공산주의자 모임 '프롤레타리아 과학협회'에서 축출되고, 1930년에는 공산당의 동조자라는 죄목으로 체포되며 강단에서도 쫓겨난다.

이후 그는 일본의 군국주의에 저항하며 여러 매체를 통해 진보적이면서도 예리한 비판과 풍자를 담은 글들을 쓴다. 하지만 전쟁 협력자라는 비판과 전쟁 비협력자라는 비판을 동시에 받으며 자연스럽게 인생론으로 빠져든다. 이런 그의 사유의 결과물이 《행복을 무기로 싸우는 사람은 쓰러져도 여전히 행복하다》이다.

안타까운 죽음

다시 강단으로 돌아와 일본의 군사력 증강에 반대하던 미키 기요시는 1942년 육군에 징집되어 필리핀으로 떠난다. 1년간의 복무를 마치고 일본으로 돌아온 그는 1945년 3월 28일 경시청에서 탈주한 친구에게 밥 한 그릇과 옷 한 벌을 줬다는 이유로 사상범으로 체포되고, 일본이 패망한

후 1945년 9월 26일 감옥에서 숨을 거둔다. 《미움받을 용기》의 저자 기시미 이치로는 패전 직후 그가 석방만 되었더라도 종전 후 일본과 현대 철학계에 새로운 바람을 일으켰을 것이라고 말하며 그의 죽음을 안타까워했다.

역자 이윤경

우리나라와 닮은 듯 다른 일본, 언어와 문화는 다를지라도 진심은 통한다고 믿으며 원작의 감동에 독자의 마음이 촉촉해지는 순간을 꿈꾼다.

옮긴 책으로 《말솜씨가 훌륭하지 않아도》,《천재 아라키의 애정사진》,《하느님과의 대화》,《천국으로의 이사》등이 있다. 현재 소통인λ공감에이전시에서 번역가로 활동 중이다.